Tobias Künkler / Tobias Faix / Arne Bachmann

Emerging Church verstehen

Eine Einladung zum Dialog

Einfach emergent Band 1

Über die Autoren:

Dr. Tobias Künkler, verheiratet mit Mareike, wohnhaft in Marburg, arbeitet als Studienleiter für die Studienprogramme „Gesellschaftstransformation" sowie „B. A. Social Work" und als Dozent für Pädagogik und Soziologie am Marburger Bildungs- und Studienzentrum.

Dr. Tobias Faix lebt mit seiner Frau Christine und seinen zwei Töchtern in Marburg. Er studierte in Deutschland, Amerika & Südafrika Theologie und arbeitet heute als Dozent für Praktische Theologie am Marburger Bildungs- und Studienzentrum; dort leitet er das Studienprogramm „Gesellschaftstransformation".

Arne-Florian Bachmann studiert an der Universität Heidelberg Theologie und Geschichte. Er engagiert sich im emergenten Dialog.

Bibliografische Information Der Deutschen Bibliothek
Die Deutsche Bibliothek verzeichnet diese Publikation in der Deutschen Nationalbibliografie; detaillierte bibliografische Daten sind im Internet über http://dnb.ddb.de abrufbar.

ISBN 978-3-86827-353-3
Alle Rechte vorbehalten
© 2012 by Verlag der Francke-Buchhandlung GmbH
35037 Marburg an der Lahn
Illustrationen: Matthias Gieselmann
Umschlaggestaltung: www.denisholzmueller.com
Satz: Verlag der Francke-Buchhandlung GmbH
Druck und Bindung: CIP Moravia Books, Korneuburg

www.francke-buch.de

Band 1 in der Edition „Einfach emergent"

Edition „Einfach emergent":

Herausgegeben von
Tobias Faix & Tobias Künkler

„Die Edition ‚Einfach emergent' greift Themen aus
dem emergenten Dialog zu Kirche und Glaube im
21. Jahrhundert auf. Diese sollen in knapper und
leicht verständlicher Weise zugänglich gemacht
werden. Die Leserinnen und Leser werden eingeladen zum Nach- und Mitdenken wie Ausprobieren
und Mitmachen."

Inhaltsverzeichnis

Einleitung: Was wir mit diesem Büchlein wollen

„Was ist Emerging Church?" Dies ist sicher eine der häufigsten Fragen, die uns in den letzten Jahren gestellt wurde. Teilweise interessiert, teilweise irritiert, teilweise auch ungeniert. Erstaunt waren wir manchmal, mit welcher Überzeugung Menschen ihr Halbwissen verbreiten, Gerüchte streuen oder einfach manches nicht verstehen. Auch wenn es schwer ist, eine komplexe Bewegung in ein paar Seiten zu erklären, möchten wir hier trotzdem versuchen, unsere Sicht der Dinge, nicht vollständig, sicher verkürzt und jederzeit ergänzungswürdig, darzulegen.

Die Emerging Church gibt es nicht, sondern wir wollen in diesem Buch beschreiben, wie sich eine internationale Bewegung im deutschen Kontext äußert. Statt von einer Bewegung sprechen andere eher von dem emergenten Dialog. Was Emerging Church also ist und damit auch nicht ist, erläutern wir im ersten Kapitel dieses Buches. Im zweiten Kapitel gehen wir dann auf den tief greifenden gesellschaftlichen Wandel ein, der im Hintergrund für die Entstehung der Emerging Church steht bzw. den Rahmen für das Bild darstellt, das wir hier skizzieren wollen. Im dritten Kapitel erläutern wir die Entstehung der Emerging Church aus einer internationalen Perspektive, im vierten Kapitel betrachten wir näher, was sich im deutschen Kontext ereignet hat. Einige wichtige theologische Aspekte, die in diesem Dialog entstanden sind oder aufgegriffen wurden, werden im fünften Kapitel erörtert, bevor im sechsten Kapitel beispielhaft aufgezeigt wird, welche Experimente dadurch in der Praxis entstanden sind. Wir enden schließlich im siebten Kapitel mit einigen zentralen Fragen, die im emergenten Dialog immer wieder gestellt werden, sowie einigen Antwortversuchen darauf. Uns ist es wichtig mit diesen Fragen zu enden, da dieses Buch vor allem eine Einladung an die Leserin/ den Leser darstellen soll, sich am emergenten Dialog zu beteiligen, d.h. mit uns und anderen ins Gespräch zu kommen, dabei eigene Fragen zu stellen und Antworten zu versuchen.

Wir erhoffen uns von diesem Buch also vor allem zum Mitgestalten, Mitdenken und Mitdiskutieren anzuregen. Viele Bücher über Emerging Church, auch auf dem deutschen Markt, orientieren sich vor allem an den USA oder an Großbritannien und viele sind aus einer Außenperspektive geschrieben. Wir wollen mit diesem Buch besonders auch den deutschen Kontext etwas näher betrachten und zudem eine Art Innenperspektive geben. Dies bedeutet, dass hier drei Menschen schreiben, die selbst aktiv am emergenten Dialog in Deutschland beteiligt sind. Nicht zuletzt wünschen wir uns mit diesem Buch, dass wir einige gängige Missverständnisse über Emerging Church aufklären können. Was wir mit einem so kleinen und einführenden Buch nicht wollen bzw. können, sind tief greifende theologische Zusammenhänge oder gar dogmatische Ansätze zu erörtern.

Erläutert und ergänzt werden unsere schriftlichen Überlegungen durch die Illustrationen von Matthias Gieselmann. Wir wünschen viel Spaß beim Lesen, Anschauen und Weiterdenken!

Arne, Tobias und Tobias,
im Juli 2012

1. Von der Emerging Church zum emergenten Dialog

Viele verbinden mit dem Stichwort Emerging Church, wenn sie zum ersten Mal davon hören, die Hoffnung auf eine Anleitung, eine „roadmap" für eine neue Art das Christentum zu leben. Man erhofft vielleicht schnelle Schritte, wie man das Christentum in postmodernen Zeiten aufhübschen kann, wie man es wieder attraktiver gestalten und wie man es zukunfts- und konkurrenzfähig am Markt der Weltanschauungen positionieren kann.

Doch diese Hoffnungen müssen an dieser Stelle zunächst enttäuscht werden. Die „Emerging Church Bewegung" kann und will keine schnellen Antworten geben, sondern dazu herausfordern, selbst Fragen zu stellen, und einladen, sich an einem Dialog über die Zukunft des Christentums zu beteiligen. Man konnte in der jüngeren Vergangenheit immer wieder Reformbewegungen beobachten, die lautstark verkündet haben, dass sie das haben, was dem gegenwärtigen Christentum fehlt. Die Emerging Church möchte keine lautstarke Bewegung sein. Sie ist vielmehr eine Bewegung der leiseren

Töne, eine Bewegung, die die Vielfalt von Perspektiven und Glaubenstraditionen schätzt und die eher mittel- bis langfristige Veränderungen sucht. Und vor allem ist sie eines nicht: eine eigene Kirche oder Denomination. Der Begriff „Emerging Church" ist insofern irreführend, als er so verstanden werden könnte, dass eine neue kirchliche Organisation gegründet werden soll, mit eigenen Gottesdiensten, eigenen Glaubensgrundsätzen und eigenem Liedgut. Dies ist nicht der Fall: Emerging Church soll für einen Dialog stehen, zu dem Menschen mit verschiedenen kirchlichen Hintergründen eingeladen sind, um sich gegenseitig auszutauschen, um sich zu inspirieren. Dabei soll aber kein letzter Konsens angestrebt werden, bei dem die Unterschiede zwischen den verschiedenen Perspektiven und Glaubenstraditionen hinter einen gemeinsamen Kompromiss oder einer gemeinsamen Erklärung komplett zum Verschwinden gebracht werden sollen. Es wird kein geschlossenes Glaubenssystem angestrebt, sondern die Dynamik und die Spannung, die ein offener Dialog mit sich bringt. Emerging Church ist also ein loses, eher informelles, ökumenisches Netzwerk, wobei nicht die Art von Ökumene gemeint ist, bei der theologische Experten gemeinsame Erklärungen veröffentlichen, sondern eine „Ökumene von unten", bei der zunächst die Vernetzung und Begegnung von interessierten Laien aus verschiedenen Hintergründen im Vordergrund stehen soll.

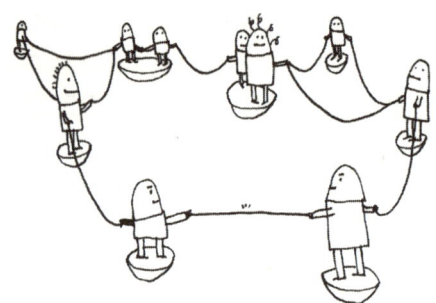

Statt einer eigenen Kirche
ein loses, respektvolles Netzwerk,
das Spannungen aushält

Deshalb scheint für viele, die sich mit dem Label „Emergent" identifizieren, der Begriff „Emergent conversation" bzw. emergenter Dialog stimmiger zu sein.

Dialog ist zum einen ein sehr starkes Wort, in dem die Hoffnung mitschwingt, dass im gemeinsamen Austausch, im zwanglosen Sich-öffnen etwas liegt, das sehr kraftvoll ist und langfristige Auswirkungen auf die Kirche von morgen haben könnte. Dialog bezeichnet den Versuch, den anderen wirklich zu begegnen. Es bedeutet, die Beziehung zum anderen höher zu schätzen, als

Differenzen in der Sache. Dennoch bedeutet Dialog auch, eine produktive Streitkultur zu entwickeln, in der die Dialogpartner bereit sind, von einander zu lernen und auch Differenzen und Spannungen aushalten können. Im Wort Dialog schwingt auch die Hoffnung mit, dass man nicht ein Gefangener seiner eigenen (theologischen oder kulturellen) Perspektive sein muss, sondern diese in der ehrlichen Begegnung mit anderen aufbrechen kann.

Aber Dialog ist zum anderen auch ein sehr schwaches Wort: Es ist fragil und angreifbar. Ist Dialog nicht etwas schön Unverbindliches? Ist es nicht einfacher, andauernd Fragen aufzuwerfen, als sich an die Antworten heranzuwagen? Liegt darin nicht etwas Feiges, wenn man ständig den Antworten auf harte Fragen auszuweichen scheint? Brauchen wir nicht viel mehr Leute, die schnell und unkompliziert handeln anstatt immer nur zu reden? Brauchen wir nicht dringend Antworten, damit wir „gegen den Trend wachsen" können?

Wir glauben, dass die Zeiten viel zu komplex sind für schnelle Antworten, die Fragen möglicherweise zu drängend, um sie zu hastig zu beantworten. Wenn es stimmt, dass wir uns in Mitteleuropa mitten in einem tief greifenden Wandel befinden, dessen Folgen und Konturen gar nicht abzusehen sind, wenn die Wellen der Veränderung noch lange nicht abgeebbt sind und wenn alle Modelle und Namen, die wir diesen Veränderungen geben, schnell schal und abgestanden wirken, dann kann es keine schnellen Antworten und keine einfachen Modelle geben, wie Kirche heute aussehen sollte. In dieser Zeit gibt es vielleicht wenig Produktiveres als ein gesundes Maß an Verwirrung. Diejenigen, die immer schon sehr genau wissen, was zu tun ist und wie man das zu tun hat, bleiben oftmals in problematischen Denkmustern und Gewohnheiten stecken. Denn auch die „Macher" sind ja nicht ohne Theorie, sondern sie haben möglicherweise eine unreflektierte Theorie. Es steckt also in dieser Anfrage ein zu einfaches Bild von Theorie und Praxis. Der emergente Dialog lebt vom gegenseitigen Austausch, aber was ist Austausch anderes als Reflexion, als Nachdenken über Erfahrungen, die man gemacht hat? Gemeinsam nachzudenken heißt, den Erfahrungen, die jeder in seiner Stadt oder seiner Gemeinde macht, nachzugehen, daraus zu lernen, Gutes zu bestärken und sich zu fragen, wie man Dinge auch anders machen könnte. Dieser Austausch befähigt jeden Einzelnen dazu, wieder neue Erfahrungen zu machen.

Die Skepsis, die dabei vorherrscht gegen „die

eine Antwort auf alle Fragen", sollte man jedoch nicht verwechseln mit Skepsis gegenüber Antworten an sich. Doch haben diese Antworten den Status von Momentaufnahmen, sie sind immer Zwischenlösungen, die wieder überdacht und abgeändert werden können. Außerdem gibt es in den Dialogen keine Dynamik, die Innovation um der Innovation willen sucht, sondern es ist ein großes Bemühen festzustellen, sich alten und neuen Antworten zuzuwenden, die in der Kirchengeschichte und in der gegenwärtigen Theologie schon gegeben wurden.

Dieser Dialog soll zugleich ein sicherer Ort sein für diejenigen, die bisher mit ihren Fragen,

Dialog als sicherer Raum

ihren Zweifeln und ihren Perspektiven keinen Ort in der Gemeinde, aber auch in ihren Universitäten und Ausbildungsstätten hatten. Der emergente Dialog soll einen Raum geben für die Rastlosen, die Unruhigen, die immer gespürt haben, dass mit der Art, wie sie das Christentum vorgelebt bekommen haben, etwas nicht stimmt. Für diejenigen, deren leidenschaftliche Suche nach neuen – oder vielleicht auch: alten – Formen des Christentums bisher unverstanden geblieben ist. Es soll ein Ort sein für die Träumer, die den Raum brauchen, um herumzuspinnen. Es soll ein Ort sein für die Experimentierfreudigen, die Bastler, die einfach Gleichgesinnte suchen. Es soll ein Ort sein, an dem sich Künstler, Gemeindepraktiker, Intellektuelle, aber auch normale Kirchgänger begegnen und voneinander lernen können. Wenn man Teilnehmer/innen des emergenten Dialogs fragen würde, was denn für sie die „Erfahrung Emergent" ausmacht, dann würden vermutlich viele antworten, dass man hier plötzlich auf Menschen trifft, die trotz all ihrer Unterschiede und verschiedenen Gemeindehintergründe auf einer ähnlichen Wellenlänge liegen. Man findet Menschen, die sich, obwohl sie sich zunächst in ganz anderen Lebensumständen befinden, mit ganz ähnlichen Fragen beschäftigen und ähnliche Denk- und Lebensstile haben. Ein Teil der Emergent Erfahrung ist es, bei Gesprächen bis tief in die

Nacht mit Menschen, die einem eben noch völlig fremd schienen, bei einem Bier, einem Wein oder einem nichtalkoholischen Erfrischungsgetränk zu sitzen und gemeinsam zu träumen, zu lachen und voneinander zu lernen. Was ein Kennzeichen von Emergent Deutschland jenseits aller Bildungsunterschiede zu sein scheint ist Folgendes: Man gibt sich nicht damit zufrieden, dem Christentum einen neuen Anstrich zu geben und unter der Oberfläche alles beim Alten zu belassen. Der emergente Dialog in Deutschland steht auch für den Versuch, verschiedene Fragen zu Gottesdienstgestaltung, Gemeindebau, neuen Formen des Glaubens etc. mit einem grundsätzlichen theologischen Stil zu verbinden. Dieser Stil sowie überhaupt die Entstehung des emergenten Dialogs hängt stark mit einem tief greifenden kulturellen Wandel zusammen, der im nächsten Kapitel erläutert werden soll.

2. STARTPUNKT TIEF GREIFENDER KULTURELLER WANDEL

Zu äußern, dass wir uns inmitten eines großen kulturellen Umbruchs befinden, ist schon fast eine Binsenweisheit: Die Welt, wie wir sie kennen, verändert sich beständig und sie scheint sich immer schneller zu verändern. Doch nimmt man diese Aussage ernst und denkt deren Konsequenzen zu Ende, kann es einem angst und bange werden. Christen reagieren ganz unterschiedlich auf diese Situation: Während die einen befürchten, dass wir den Anschluss verlieren und daher eifrig allen Neuerungen und Trends hinterherlaufen, sorgen sich die anderen darum, dass der Sturm der Veränderung uns lahmlegt oder gar wegfegt. Daher verteufeln sie die Veränderungen und kapseln sich ab. So gegensätzlich beide Reaktionen sind, haben sie doch zwei Dinge gemeinsam: Erstens sind beide angstbasiert und zweitens sind beide Re-Aktionen, d.h. sie sind eher passive Reflexe als wohlüberlegte Handlungen.

Die Debatte um Emerging Church begann mit der Einsicht, dass Christen sich aktiv und intensiv mit den gesellschaftlichen und kulturellen Veränderungen ihrer Zeit auseinandersetzen sollten und dass sie dies nüchtern-differenziert tun sollten. Statt Veränderungen zu verteufeln oder zu verherrlichen, sollten Herausforderungen *und* Chancen wahrgenommen werden.

Doch von welchen Veränderungen bzw. welchem Umbruch ist hier überhaupt die Rede? Verändern sich Gesellschaft und Kultur nicht beständig? Natürlich tun sie das. Und doch sprechen sehr viele Indizien dafür, dass wir uns inmitten eines besonders tief greifenden kulturellen Wandels befinden. Ein Umbruch, gegenüber dem die gewöhnlichen gesellschaftlichen Veränderungen harmlos und banal sind.

Gewöhnlich wird Veränderung in unserer Kultur als Fortschritt beschrieben, d.h. ganz wörtlich als ein beständiges Fortschreiten, bei dem gemächlich ein Schritt nach dem anderen getätigt wird, es dafür aber stets vorangeht. Vielleicht gleichen gesellschaftliche Veränderungen jedoch eher einer Art Tanz. Statt nur nach vorne bewegt man sich in verschiedene Richtungen. Statt alleine voranzuschreiten, ist man Teil einer größeren Formation. Und während man beim Tanz zwar ständig in Bewegung ist, kann es auch schon mal vorkommen, dass sich der Tanzstil und damit die ganze Art und Weise sich zu bewegen verändert. Den Unterschied zwischen normalen Veränderungen und großen Umbrüchen kann man sich daher anhand des Unterschieds zwischen der Bewegung innerhalb eines Tanzstils und dem Wechsel zu einem anderen Tanzstil verdeutlichen. Während Tänzer jedoch relativ schnell in einen neuen Tanzstil wechseln können, vollziehen sich große kulturelle Umbrüche über mehrere Generationen hinweg. Aus der Perspektive eines einzelnen Menschen also in Zeitlupe. Genau das macht sie so schwer wahrnehmbar und so schwer zu analysieren. Befindet man sich inmitten des Umbruchs, kann man wenig darüber aussagen, wie der neue „Tanzstil" aussehen wird. Vielleicht wird es sogar nicht bloß *einen* neuen Tanzstil geben, sondern *viele* neue.

Normale gesellschaftliche Veränderungen

Man könnte sagen, dass unsere Kultur sich zunehmend über ihren bisherigen „Tanzstil" (d.h.

die übliche Art und Weise zu denken, wahrzu-
nehmen und zu handeln) bewusst wird. Gab
es bislang einen Tanzstil, der so natürlich und
selbstverständlich erschien, dass man „Bewegung an sich" mit diesem einen Tanzstil gleich-
setzte, so erkennt man jetzt, dass es auch noch
ganz andere Arten zu tanzen gibt und probiert
sie munter aus.

Man könnte sagen, dass der emergente Dialog
mit diesem Umbruch der Kultur begann bzw. Teil
dieses kulturellen Umbruchs ist, der gemeinhin
als Postmoderne bezeichnet wird. So wie sich
unsere westliche moderne Kultur immer stärker
bewusst wurde, dass sie nicht für alle Zeiten und
Regionen Gültigkeit besitzt, so wurden sich auch
Christinnen und Christen zunehmend bewusst,
dass unsere heutige Theologie sowie unsere übliche Glaubens- und Gemeindepraxis zutiefst
vom modernen Weltbild geprägt ist und merk-
ten immer mehr, welche Einseitigkeiten, Sack-
gassen und Probleme dies auch mit sich bringt.
Letzteres wird in Kapitel 5 genauer beschrieben,
hier soll zunächst noch etwas deutlicher gemacht
werden, wie dieser Umbruch denn nun aussieht.

Der emergente Dialog baut also auf der Deutung
des kulturellen Umbruchs als Postmoderne auf.
Postmoderne meint wörtlich Nachmoderne, also
die Zeit nach der Moderne. Jedoch sollte unseres

Erachtens unter Postmoderne nicht so sehr eine in ihrer Gestalt bereits zu erkennende und zeitlich bereits vollständig existierende Epoche verstanden werden, sondern vielmehr die beschriebene Bewegung der Bewusstwerdung und Kritik der Moderne, durch die etwas Neues entsteht.

Gesellschaftliche Umbrüche

Was sind nun aber die Kennzeichen der Moderne? Die Moderne entstand in einem langen und komplexen Prozess, ungefähr in der Zeit vom 16. bis zum 18. Jahrhundert und war von Beginn an geprägt vom Fortschritt als ihrem großen Versprechen. Das Versprechen lautete: Wenn wir uns radikal aus unserer religiösen Verstrickung loslösen und uns unserer Vernunft bedienen, dann können wir einen Himmel auf Erden, ein irdisches Paradies, schaffen. Als Mittel, um diese vollkommene Gesellschaft zu erreichen, wurden

Wissenschaft und Technik angesehen, die zu einer vollkommenen Beherrschung der Kräfte der Natur und damit auch der menschlichen Natur führen sollte. Man hoffte auf diese Weise allgemeinen Wohlstand sowie moralische Vollkommenheit, einen Himmel auf Erden, zu erreichen.

Real zeigte sich, dass die Kirche, als die vorherrschende Autorität der Vormoderne, nach und nach durch die moderne Wissenschaft als wichtigster gesellschaftlicher Institution und Autorität ersetzt wurde. Nicht mehr die Kirche, sondern die Wissenschaft prägte nun wesentlich die Sicht der Welt und erklärte, was „wirklich" ist und wie diese Wirklichkeit funktioniert.

Durch Kolonialisierung und Globalisierung kam es dazu, dass diese moderne Weltsicht eine weltweite Vorherrschaft antrat. Westliche Denkmuster (wie ein individualistisches Verständnis des Selbst), westliche Sprachen (wie Englisch), das westliche Wirtschaftssystem (der Kapitalismus) und westliche Technologien (wie der Computer) überziehen seit dieser Zeit zunehmend den ganzen Erdball und dominieren nahezu alle anderen Kulturen.

Im letzten Jahrhundert, besonders in dessen zweiter Hälfte, gerieten diese moderne Weltsicht und ihre Versprechungen jedoch zunehmend in die Krise. Wodurch geschah dies?

Erstens wurde die Hoffnung auf einen moralischen Fortschritt der Menschheit durch Aufklärung und Bildung durch die Gräueltaten des 20. Jahrhunderts, die in Ausschwitz und zwei Weltkriegen gipfelten, radikal enttäuscht. Auch das Versprechen einer immer besseren Kontrolle und Nutzung der einst feindlichen Natur durch die Wissenschaft und den technologischen Fortschritt konnte sich nur zum Teil erfüllen. Überdeutlich zeigte sich, dass technologischer Fortschritt nicht nur Segen, sondern immer auch Fluch ist, da er stets unkontrollierbare Nebenfolgen mit sich bringt. Stichwortartig sei hier nur auf Atomkraft und Gentechnologie verwiesen. Mit der Kontrolle der Natur einhergingen stets auch die Zerstörung der Natur sowie neue Probleme und Risiken.

Die entzauberte Moderne

Es kam auch zu einer Krise der „entzauberten" wissenschaftlichen Weltsicht, die angetreten war, alles restlos erklären und berechnen zu können.

Mit Fortschreiten der Wissenschaft und der Technologie kam es zwar zu einem Fortschritt des „Wissens-Wie" – z.B. *wie* man Energie immer effektiver und nutzenbringender einsetzen kann –, aber nicht des „Wissens-Was", also *was* Energie wirklich ist.

Zusammenfassend kann man sagen, dass diese Krisen der Moderne den Glauben an die wissenschaftliche Vernunft, die Möglichkeit eines objektiven Wissens und damit einer Wahrheit, die zu allen Zeiten und für alle Menschen gilt, zunehmend erschütterten und die Moderne in ihren Kernannahmen und -prinzipien untergruben. Während so bereits im Verlaufe des 20. Jahrhunderts die meisten großen Versprechungen der Moderne in sich zusammengebrochen sind, brechen gegenwärtig scheinbar auch noch die letzten beiden großen Erzählungen der Moderne zusammen: die Säkularisierungsthese sowie die Wachstumsthese.

Säkularisierungsthese bezeichnet die Ansicht, dass dort, wo sich die aufgeklärte Weltsicht durchsetzt, Religion von selbst verschwindet. Diese Säkularisierungsthese ist aber von den realen Verhältnissen und Entwicklungen gewissermaßen widerlegt worden. Denn die Religionen sind in nahezu allen Regionen dieser Erde quicklebendig, teils erscheinen sie vitaler denn je. In

Ländern, die sich ähnlich wie die europäischen Staaten zu modernen Industrienationen entwickelt haben, hat die Religion keineswegs an Bedeutung verloren.

Mit der Wachstumsthese ist die große Erzählung vom beständigen wirtschaftlichen Wachstum und wachsendem Wohlstand gemeint, auf der unsere Wirtschaftsordnung aufbaut. Erste deutliche Kratzer erhielt diese große Erzählung bereits in den 1970er-Jahren, als im Zuge der Ölkrise und der Erklärung des „Club of Rome" angesichts endlicher Ressourcen von einigen die Grenzen des Wachstums erkannt wurden. Dies hat die gesellschaftliche Orientierung an wirtschaftlichem Wachstum als oberstem gesellschaftlichem Ziel aber kaum verändert. Angesichts von Finanz-, Wirtschafts- und Schuldenkrise wird jedoch auch diese große Erzählung wahrscheinlich bald von den realen Verhältnissen widerlegt.

Doch was kommt nach dem Zusammenbruch all der großen Erzählungen der Moderne? Etwas Neues, noch nicht ganz Greifbares beginnt langsam aber immer stärker aufzutauchen. Etwas „emergiert". Nicht alles, was entsteht, ist gut – mitnichten. Doch dieses Neue zunächst zu verstehen, als Chance zu begreifen sowie aktiv daran mitzuwirken – dies sind gewissermaßen die Intuitionen, durch die der emergente Dialog entstanden ist. Wie sich im folgenden Kapitel zeigen wird, sind rund um den gesamten Globus zur ähnlichen Zeit ähnliche Fragen aufgetaucht, die mit diesem kulturellen Umbruch zu tun haben.

Doch zuvor noch ein kleines Beispiel, das verdeutlicht, was es heißt, in einer postmodernen Zeit zu leben. Eine Studentin erzählte einem von uns, dass sie im Gemeindepraktikum einen Gebetsparcour gestaltet hätte. Der Parcour bestand aus verschiedenen Stationen, die man einzeln nach freier Wahl durchlaufen konnte. In jeder Station wurde eine typische Gebetshaltung aus einer bestimmten Zeit vorgestellt und erklärt, zudem konnte man schließlich selbst in einer solchen Haltung dort beten. Ein solcher Parcour ist typisch für unsere postmoderne Zeit. Er verdeutlicht, dass wir uns unserer Prägung und unserer Vergangenheit anders und stärker bewusst sind als Menschen vor uns. Zunehmend haben wir nicht mehr einfach *eine* normale Gebetshaltung, die unserer Tradition und unserer Zeit entspricht, sondern wir nehmen zunehmend die Vielfalt von Gebetshaltungen wahr, die es in der Geschichte gegeben hat. Wir sehen, dass alle ihre Vor- und Nachteile haben und können und müssen uns nun innerhalb dieser Vielfalt positionieren, d.h. verschiedene Gebetshaltungen ausprobieren und uns für diejenigen entscheiden, die uns entsprechen oder uns neue Kombinationen zusammenbasteln.

3. Entstehung international

Vor einiger Zeit war einer von uns für Vorlesungen an der Universität von Südafrika in Pretoria. Ein Pastor einer Gemeinde holte ihn am Flughafen in Johannesburg ab und kaum waren sie im Auto, da fragte er ihn schon, ob es auch in Deutschland die „Emerging Church" gebe, was er darüber denke und wie das bei uns aussehe. Es ergab sich eine spannende Diskussion, die sich bis in die Nacht streckte. Interessanterweise zeigt sich die Emerging Church in Südafrika vor allem in den traditionellen Kirchen und wird dort „heiß" diskutiert. Ein paar Tage später wiederholte sich die Diskussion an der Uni, wo wir auf Studierende trafen, die ihre Masteroder Doktorarbeit über Themen der „Emerging Church"-Bewegung schrieben.

Dieses Beispiel zeigt zum einen die globale Verbreitung der Bewegung und zum anderen deren lokale Verortung. Beides ist typisch, denn obwohl die „Emerging Church Bewegung" ein internationales Phänomen auf allen Kontinenten ist, zeigt sie sich in ihrer lokalen Verortung auf ganz unterschiedliche Weise. Deshalb gibt es zum einen weltweite Gemeinsamkeiten, meist in globalen gesellschaftlichen oder geistlichen Fragen (wie bspw. der Frage nach sozialer Gerechtigkeit oder der Bedeutung der Erlösung), zum anderen aber gibt es dann lokal unterschiedliche Antworten oder Umsetzungen (weil Armut in Südafrika etwas völlig anderes als in Deutschland ist). Außerdem spielt natürlich die spezifische Situation von Christen im jeweiligen Land eine zentrale Rolle. Während es in den USA eine sehr große Gruppe von „Evangelikalen" gibt, die sich auch mit den Fragen der Emerging Church auseinandersetzen, ist diese Gruppe in Deutschland recht klein. So gibt das renommierte Barna Institute (http:// www.barna.org) an, dass es in den USA bis zu 20 Millionen Christen gibt, die momentan auf der Suche nach neuen geistlichen Formen sind. Das Forscherteam um David Barrett und Todd Johnson gehen in ihrem *World Christian Trend Report* von weltweit 111 Millionen Christen aus, die sich in 20.000 verschiedenen Netzwerken organisieren, um gemeinsam neue Formen und Inhalte des Glaubens auszuprobieren (vgl. World Christian Trends, Ad 30-Ad 2200: Interpreting the Annual Christian Megacensus).

Dagegen ist die Lage in Deutschland, wie wir gleich sehen werden, noch sehr überschaubar. Diese Zahlen zeigen die große Dynamik dieser Entwicklung. So ist es nicht verwunderlich, dass an fast allen großen Universitäten, besonders in den USA (Yale, Princton, Denver, Harvard, Fuller, Fox etc.) und Europa (Oxford, Heidelberg), aber auch in Afrika (University of South Africa, Stellenbosch etc.) oder Asien (Hokkaido University) Forschungsprojekte zu dem Themenkomplex Emerging Church laufen.

Dass Emerging Church eine weltweite und einflussreiche Bewegung geworden ist, hängt eng mit den erläuterten gesellschaftlichen Umbrüchen zusammen, nicht zuletzt dem Einfluss der Globalisierung und des aufkommenden Web 2.0. Ein Beispiel dafür sind Weblogs, in denen Inhalte in kürzester Zeit global nicht nur ausgetauscht, sondern auch kommentiert und diskutiert werden können. Dies ermöglicht die Entstehung globaler Netzwerke von ungeheurem Ausmaß und großer Wirkung. Neue Beziehungen entwickeln sich und Wissen und Erfahrungen werden ausgetauscht. Ohne diese rasante und schnelle kulturelle Entwicklung hätte es das Phänomen „Emerging Church" sicherlich nicht in diesem Ausmaß gegeben. Diese neuen Möglichkeiten der Kommunikation haben die Überschreitung von bis dahin festen Staatsgrenzen ermöglicht, die eine ungeahnte Macht ausübt. Jedoch geht diese nicht mehr von festen, meist hierarchischen Machtstrukturen aus, sondern vielmehr von der Basis der Christinnen und Christen in unterschiedlichen Regionen. Wie viel Kraft diese neuen Netzwerke haben können, wurde eindrucksvoll an den Transformationsprozessen in Nordafrika deutlich, in denen diese neuen digitalen Kommunikationswege eine zentrale Rolle spielten.

„Vernetzt euch!" So lautet das gleichnamige Buch von Lina Ben Mhenni, einer 27-jährigen Internetaktivistin, die dank ihres einflussreichen Blogs mithalf, den tunesischen Diktator Ben Ali zu stürzen. Ihr Buch ist ein Aufruf, Netzwerke zu nutzen, um gegen Gewalt und Ungerechtigkeit aufzustehen. Es ist keine Frage, die Bedeutung von Netzwerken hat in den letzten Jahren zugenommen, nicht nur in Nordafrika, sondern auf der ganzen Welt.

Aber wie sehen die Veränderungen hinsichtlich von Organisationsstrukturen und Kommunikationswegen konkret aus? Während traditionelle Organisationsstrukturen sich mit einer Baumstruktur vergleichen lassen, die einen klaren Stamm haben, aus dem alles andere hervorgeht und Stamm, Äste und Früchte klar benennbar sind, steht für die neue Netzwerkkultur das Rhizom. Ein Rhizom (griechisch „Eingewurzeltes") ist in der Botanik ein meist unterirdisch oder dicht unter dem Boden wachsendes Sprossachsensystem. Es ist hoch vernetzt und bricht unvorhergesehen an verschiedenen Stellen hervor. Es hat, wie zum Beispiel die Ingwerwurzel, kein eindeutiges Zentrum, keine eindeutigen Grenzen, keine eindeutige Zugehörigkeit und breitet sich doch in großer Geschwindigkeit aus. Diese neuen Netzwerkstrukturen werden von der Emerging Church Bewegung genutzt, ja sind ein Teil von ihr selbst und eine Grundlage der weltweiten Ausbreitung. Diese Netzwerke sind sehr aktiv und präsent, haben aber eine Tradition, dies gilt sowohl für die Netzwerkstrukturen als auch die inhaltliche Entwicklung.

Baum vs. Rhizom

Die frühen Merkmale der Emerging Church Bewegung werden in den frühen 1980er-Jahren sichtbar, in denen sich in England der „alternative worship" entwickelte. Diese neue Form von Gottesdiensten versuchte eine Alternative zu konsumorientierten Gottesdienstformen zu sein. Wichtig sind hierfür vor allem partizipatorische Elemente, sodass alle Teilnehmer aktiv und interaktiv am Gottesdienst teilnehmen und auf diese Weise auch etwas zu ihm beitragen können. Am bekanntesten sind bis heute die sogenannten „Stationengottesdienste". Aber auch das Kirchengebäude als Ort gottesdienstlicher Tätigkeit wurde infrage gestellt, so gab es Gottesdienste in Cafés oder anderen „säkularen" Plätzen (sogenannten „Third Places"). Mitte der 90er-Jahre gelangten viele dieser Gedanken auch nach Amerika und wurden durch das Leadership Network, das größte Netzwerk von Pastorinnen und Pastoren in Amerika, aufgenommen, weiterentwickelt und verbreitet. Dort entstand auch der Name „Emerging Church". Im Jahr 2001 entwickelte sich um führende Persönlichkeiten wie Brian McLaren, Tony Jones, Tim Keel, Chris Seay, Tim Conder, Brad Cecil und Doug Pagitt das „Emergent Village", um einen sicheren Ort zu haben, wo man den gemeinsamen Fragen ohne Denkverbote nachgehen konnte. Dabei wurde der Begriff „emergent" (lat. auftauchend) sehr bewusst gewählt, um das Neue und Entstehende auszudrücken. In Amerika explodierte die so aufkommende Bewegung unter dem Stichwort „Emerging Church" buchstäblich. Die Frage, wie das Evangelium sich in der eigenen Kultur möglichst gut und vielleicht auch neu ausdrücken kann, wurde heiß diskutiert. Gemeindegründungsbewegungen und immer neue Netzwerke

Kritischer Dialog zwischen
Evangelium und Kultur

sprossen empor, die sich in alle möglichen Strömungen aufteilten und verschiedene Teilaspekte betonten, sodass es kein einheitliches Bild gab und immer noch nicht gibt.

Eine andere interessante Frage innerhalb der verschiedenen Strömungen ist, ob es nur um neue Methoden und Formen geht oder um eine veränderte Theologie. Fundamentale Kritik an konsumorientierten Megachurches, einer konservativen Bibeltheologie und die Vereinnahmung des Glaubens durch die „politische Rechte" (von den gemäßigten Republikanern bis zur Tea Party) wurden laut. Mittlerweile haben sich die

Gedanken der Emerging Church Bewegung auf allen Kontinenten ausgebreitet, vor allem aber in den Industrie- und Schwellenländern. Die Bewegung verteilt sich über unzählige Netzwerke auf der ganzen Welt und zeigt sich an verschiedenen Orten in ganz unterschiedlichen Formen. Ein paar der weltweiten Verbindungen sind beispielsweise: Emerging Church (A), Alternative Worship (UK), Trible Generation (Afrika), Deep Church (UK), Fresh Expressions (UK), Emergent Village (USA), Amahoro International (Afrika), The Origins Project (USA), Emerging Women in Africa (Afrika), The church & the Postmodern Culture (USA) The Gospel and our Culture Network (UK), Trible Generation (BRA) etc.

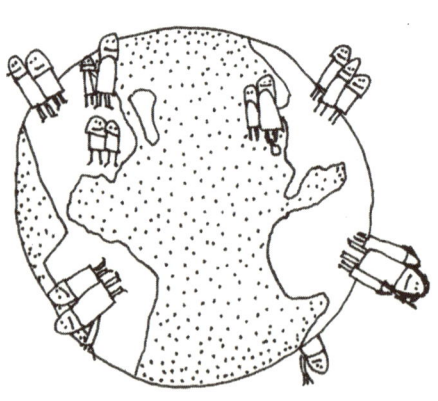

Emergente Bewegungen gibt es in vielen Ländern und Formen

Diese Gruppen und Netzwerke stehen in einem losen Kontakt über das Internet und sind inhaltlich unabhängig voneinander. Das größte Missverständnis ist, dass einzelne Inhalte aus solchen Netzwerken herausgenommen und auf andere Netzwerke bezogen werden.

4. Entstehung in Deutschland

Während in den USA die Emerging Church Bewegung beispielsweise auch eine Gemeindegründungsbewegung ist, ist dies in Deutschland anders. Uns ist keine einzige Gemeinde bekannt, die von sich behauptet, eine „Emerging Church" zu sein. Hier werden gleich zentrale Unterschiede einer globalen Bewegung in ihrer lokalen Verortung sichtbar. Überhaupt tauchte die emergente Bewegung in Deutschland erst recht spät auf. Im Jahr 2006 haben sich verschiedene Leute vernetzt, die sich via Internet über Blogs zum Thema „Emerging Church" und damit verbundene Fragen unterhalten haben. Dazu kamen internationale Kontakte zur britischen und amerikanischen Bewegung. Aus dieser losen Verbindung ergab sich ein Treffen mit dem Ziel, die bis dahin nicht vernetzten Menschen, die sich damit beschäftigt haben, zu vernetzen. Daraus ist der Koordinationskreis „Emergent Deutschland" entstanden. Dies ist ein offener Kreis, der den Raum für den emergenten Dialog bzw. die dazu nötige „Infrastruktur" bereitstellen möchte. „Emergent Deutschland" möchte ein Netzwerk sein, das Fragen zu Kirche, Theologie, Kultur und Gesellschaft für Deutschland stellt. Auf diese Weise sollen „sichere Räume" entstehen, die einen offenen Dialog über unterschiedliche Fragen zulassen, ohne gleich zu urteilen oder zu verurteilen. Dabei soll der Name „Emergent Deutschland" sowohl die internationale Vernetzung als auch die eigene Identität für Deutschland ausdrücken. „Emergent" bezeichnet dabei auch das Phänomen, dass sich bestimmte Eigenschaften eines Ganzen nicht aus seinen Teilen erklären lassen, also: „Das Ganze ist mehr als die Summe seiner Teile." Dies bedeutet, dass man

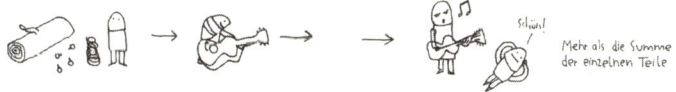

Schön!
Mehr als die Summe der einzelnen Teile

nicht von einem einzelnen Teil, zum Beispiel einer Veröffentlichung aus Amerika, auf die ganze Bewegung schließen kann. Deshalb ist die international globale Bezeichnung „Emerging Church" für Deutschland eher irreführend, besser trifft es die Beschreibung „emergenter Dialog". An diesem emergenten Dialog nehmen Christinnen und Christen aus allen Konfessionen teil, von den Evangelischen Landeskirchen und der Katholischen Kirche über verschiedene Freikirchen (Baptisten, Pfingstler, Methodisten, Freie evangelische Gemeinden etc.) bis zu landeskirchlichen Gemeinschaften und verschiedenen Netzwerken und Organisationen. Der emergente Dialog ist also ein offenes Netzwerk, zu dem alle eingeladen sind, mitzumachen. Einige Ergebnisse dieser Gespräche werden auf der Homepage www.emergent-deutschland.de oder in der „Edition Emergent" in Buchformat veröffentlicht.

Ein großer Teil des emergenten Dialoges findet aber nicht nur im Internet, sondern in vielen kleinen Treffen und regionalen Netzwerken statt. Diese Initiativen berichten in regelmäßigen Abständen von ihren Aktivitäten auf der angegebenen Homepage. Unter anderem sind dies:

- Communio-Netzwerk: Hier tauschen sich verschiedene Lebensgemeinschaften über ihre Erfahrungen aus.
- Emergente Theologie: Beschäftigt sich mit verschiedenen theologischen Debatten, zuletzt mit der Frage: Was ist das Evangelium? Die Ergebnisse flossen unter anderem in Band 2 dieser Reihe ein.
- Regionale Stammtische: Interessierte treffen sich in Städten, Dörfern oder Regionen, um über aktuelle oder regionale Fragestellungen zu diskutieren.
- Initiative Gleichberechtigung: Setzt sich

mit dem Thema Gleichberechtigung von Frauen und Männern auseinander.

- Emergent Camps: Ähnlich wie bei einem Bar-Camp gibt es ein Thema, zu dem alle eingeladen sind mit einem Kurzinput (ca. 10-15 Minuten) inhaltlich beizutragen, der größte Teil der Zeit ist dann für das gemeinsame Gespräch über die vorgestellten Thesen und Überlegungen reserviert.

Das größte Treffen ist das Emergent Forum, welches einmal im Jahr an wechselnden Orten stattfindet und Ergebnisse der verschiedenen Initiativen aufnimmt und jedes Jahr ein wichtiges Thema in den Blick nimmt. Auch dieses Buch möchte zu einem Dialog einladen. Dabei hat auch die deutsche Bewegung ihre Prägung und ihre Geschichte.

Der emergente Dialog wird, wie am Anfang beschrieben, von einer sehr heterogenen Bewegung geführt. Die Beteiligten sehen sich als Teil des losen Netzwerkes, in dem verschiedene Positionen nebeneinander stehen gelassen werden können. Daneben gibt es andere neuere Bewegungen, die sich inhaltlich etwas anders positioniert haben wie Kirche21 (Baptisten), novavox (missionale Gemeindegründung), YoungLeaders (Leiterschaftsförderung der Lausanner Bewegung), Speak Netzwerk etc. Alle diese Bewegungen sind über Personen miteinander vernetzt und versuchen, in Deutschland am Reich Gottes mitzuwirken. Dabei soll und darf es auch unterschiedliche Positionen geben, Diskussionen um Theologie und Gemeinde sind nicht nur erlaubt, sondern erwünscht und notwendig, wenn wir das Evangelium im 21. Jahrhundert verkündigen und leben wollen.

Die unterschiedlichen Bewegungen bilden ein geistliches und soziales Netzwerk, das sich über ganz Deutschland und erst recht auf unterschiedliche Weise und in unterschiedlichen Formen zeigt. Dabei geht es nicht um eine „Emergentisierung" des Landes, wie einige voller Furcht festgestellt haben, sondern um die vielfältige Ausbreitung des Reiches Gottes. Interessant ist es, wenn man auf all diese Netzwerke einen soziologischen Blick wirft und fragt, wie sich dies in unseren gesellschaftlichen Strukturen widerspiegelt.

Wenn man die „emergente Bewegung" in Deutschland mit soziologischem Blick betrachtet, dann stellt man fest, dass ihre Teilnehmer bei aller Heterogenität größtenteils doch aus bestimmten Milieus kommen. Nach den Sinus Milieus (siehe Illustration sowie www.sinus-institut. de/) stammen diese vor allem aus dem expeditiven Milieu (oftmals unkonventionell, kreativ, digitale Avantgarde und geografisch mobil), dem adaptiv-pragmatischen Milieu (oftmals flexibel, pragmatisch, kompromissbereit, hedonistisch und erfolgsorientiert) und dem sozial-ökologischen Milieu (idealistische und konsumkritische junge Menschen mit ausgeprägtem ökologischem und sozialem Gewissen), aber auch aus den benachbarten Milieus. Milieus beschreiben die Lebenswelten von Menschen mit ihren Wertvorstellungen, Vorlieben und Interessen.

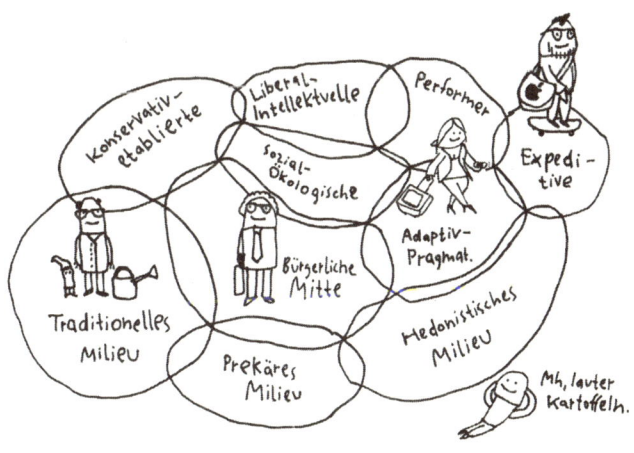

Diese Lebenswelten und damit auch die Milieus haben sich im Laufe der letzten Jahrzehnte durch Generationswechsel, kulturelle Umbrüche und Wertewandel deutlich verändert. So ist es nicht verwunderlich, dass die Etablierten, Traditionsverwurzelten und Konservativen Milieus schrumpfen und gesellschaftlich eine immer geringere Rolle spielen. Die neueren und wachsenden Milieus bestehen oft zu einem Großteil aus jüngeren Menschen. Diese grenzen sich von den Werten und Normen ihrer Herkunftsfamilie ab und sind gleichzeitig auch stark durch sie geprägt. Neues wird gesucht und als anziehend erlebt. Dies gilt auch für den Glauben oder den „Traum von einer Kirche". Deshalb ist es nicht erstaunlich, dass viele junge Erwachsene im Milieu der Expeditiven und der Adaptiv-Pragmatischen eine hohe Affinität zum Religiösen haben und auf der Suche nach Spiritualität sind.

Der emergente Dialog spricht deshalb in besonderem Maße junge Erwachsene aus diesen Milieus an. Aus diesen Anfängen hat sich die deutsche Bewegung aber in die anliegenden Milieus (postmaterielle, bürgerliche und hedonistische) ausgebreitet. Besonders im traditionellen sowie im bürgerlichen Milieu stößt sie natürlich auf Skepsis, da sie klassische „bürgerliche Werte" für den Gemeindebau infrage stellt, wie den gewohnten Ablauf des Gottesdienstes, traditionelle Evangelisationsmethoden oder Gemeindeleitungsstrukturen. Aber aus der bürgerlichen Mitte wird auch viel Hoffnung in die emergente

Bewegung gesetzt. Durch die Sehnsucht nach einem authentischen und gesellschaftsrelevanten Christsein öffnen sich viele den Gedanken und Überlegungen und beginnen neu zu überlegen, was ihr Glaube und ihre Gemeinde für eine Relevanz im Alltag hat. Von ganz „links" (Traditionsverwurzelte/Konservative) kommen dagegen massive Bedenken, da das eigene System grundsätzlich eher gegen Veränderungen ist und diese als Gefahr wahrnimmt. So haben wir es in manchen Diskussionen oft nicht, wie es auf den ersten Blick scheint, mit theologischen Dissonanzen zu tun, sondern mit sozialen und kulturellen Unterschieden. Die meisten neuen Bewegungen beginnen, mit Sinus gesprochen, rechts und wandern dann durch die Jahre in die gesellschaftliche Mitte. Dies verstärkt sich, wenn wir gesellschaftlich starke Umbrüche, wie aktuell, erleben. Die Auswirkungen dieser Umbrüche zeigen sich auch bei theologischen Themen, wie im nächsten Kapitel verdeutlicht wird.

5. THEOLOGISCHE VERSCHIEBUNGEN

Wie beschrieben gleicht Emerging Church mehr einem Dialog denn einer spezifischen Bewegung mit einer spezifischen Theologie. Daher gibt es auch nicht *eine* emergente Theologie, dennoch kann man gewisse theologische Entwicklungslinien ausmachen, die vielen am emergenten Dialog Beteiligten geholfen haben, die christliche Botschaft besser und tiefer zu verstehen. Grundsätzlich könnte man von einem anderen Stil theologischen Denkens sprechen, der weder komplett neu ist noch das klassische theologische Denken einfach ablehnt. Es ist so, als ob man eine Klammer um bisherige Erkenntnisse setzt, die diese in ein ganz neues Licht rückt. Es handelt sich dabei um (Wieder-)Entdeckungen von vergessenen bzw. unterdrückten Aspekten der biblischen Botschaft, einer anderen Art und Weise, sich dem Evangelium zu nähern.

Am besten verdeutlichen lässt sich das an einem Beispiel. Betrachten wir dazu den unterschiedlichen Denkstil, der sich in zwei unterschiedlichen Vorworten zeigt, die einem Buch über Kirche in der Postmoderne entnommen sind. Wir möchten hier absichtlich weder das Buch noch die (recht bekannten) Personen nennen, da es uns weder um die Personen noch deren Theologie als Ganzes geht, sondern nur um zwei sehr unterschiedliche Stile des theologischen Denkens. Schauen wir uns zunächst einen Auszug aus dem ersten Vorwort an. Dort schreibt der Verfasser:

„Manche Aufgaben in einer Gemeinde werden sich nie verändern, während andere einem ständigen Wandel unterliegen. Gottes fünf Ziele für seine Kirche sind unveränderlich. Wenn eine Gemeinde Anbetung, Gemeinschaft, Jüngerschaft, Mitarbeit und Mission nicht mehr lebt, dann hört sie auf, Gemeinde zu sein; dann ist sie nur noch eine soziale Einrichtung. Auf der anderen Seite muss die Art und Weise, wie wir diese Ziele umsetzen, immer wieder verändert und angepasst werden, weil sich die menschliche Gesellschaft immer wieder verändert. […] Als Pastor habe ich erlebt, dass viele Gemeinden im Bereich Lobpreis, Events, Architektur, Musik u.a. aus ihrem Umfeld viel Zeitgemäßes übernommen haben. Das ist auch in Ordnung, solange die biblische Botschaft dabei nicht verändert wird."

Autor 1 trennt hier sehr deutlich einen unveränderlichen Inhalt (die biblische Botschaft, die zu unveränderbaren Aufgaben und Zielen der Gemeinde führt) von der Form (Lobpreis, Events,

Architektur, Musik), die der jeweiligen Zeit und Gesellschaft angepasst werden sollten. Diese Unterscheidung ist üblich und liegt vielen heutigen Überlegungen, wie Gemeinde sich verändern sollte, zugrunde. Ändern müssen wir demnach die Form, keinesfalls aber den Inhalt. Eine zweite Annahme, die in den Ausführungen von Autor 1 enthalten ist, ist etwas versteckter, aber doch deutlich zu erkennen. Er geht scheinbar davon aus, dass das unveränderliche Evangelium problemlos und vollständig von ihm erkannt und in Sprache abgebildet werden kann – sogar die Anzahl der Ziele Gottes für seine Kirche (fünf!) sind unstrittig zu erkennen. Schließlich zieht sich eine ganz spezifische Sorge durch diese Zeilen, die Sorge vor zu großer Anpassung der Gemeinde an Gesellschaft und Kultur, die Sorge vor dem Verlust bzw. der Verzerrung des unveränderbaren Evangeliums, die Sorge, dass Gemeinde nur noch eine soziale Einrichtung ist, kurz die Sorge, bei aller nötigen Veränderung (zu) liberal zu werden. Auch diese Sorge zieht sich durch viele Gespräche über die Zukunft von Kirche und Gemeinde. Betrachten wir nun einen Auszug aus dem zweiten Vorwort. Autor 2 schreibt:

„In den letzten Jahren haben Gemeindeleiter immer wieder so getan, als bedeute die Orientierung an Menschen, die sich auf einer geistlichen Suche befinden, dass man Modelle schaffen müsse, die jeden Geschmack treffen und sich leicht vervielfältigen, nachahmen und übernehmen lassen. Viel zu oft haben wir starre, traditionelle Formen, Vorgehensweisen und Weltbilder durch genauso starre ‚zeitgemäße‘ ersetzt. Viel zu oft haben wir es getan, ohne vorher ausreichend nachzudenken, ohne den Bezug zwischen Kirche und Kultur, zwischen Vergangenheit, Gegenwart und Zukunft, zwischen unseren Methoden und unseren Inhalten ausreichend zu reflektieren. Und wir hatten einfach eine Schwäche für ausgefallene Ideen und sind schrecklich pragmatisch gewesen – nicht gerade unschuldig wie Tauben und klug wie Schlangen (Matthäus 10,16). Unser Verständnis der guten Nachricht unterliegt einem ständigen Wandel, wenn wir es missionarisch in unsere komplexe, dynamische Welt hineintragen: Wir sehen, dass das Evangelium eine breite Vielfalt an Bedeutungen in sich trägt, unerforschte Tiefendimensionen birgt, unzählige Einsichten und Bedeutungen hervorbringen kann. Ich zweifle nicht daran, dass wir auf unserem Weg in die Postmoderne zurückblicken und merken werden, wie begrenzt und mangelhaft unser Verständnis des Evangeliums teilweise war, und zweifellos müssen wir bescheiden und vorsichtig sein, denn wir können (und werden) in unserer neuen Umgebung wieder in die gleichen alten Fallen tappen."

Während Autor 1 davon ausgeht, dass das Evangelium problemlos von ihm erkannt und in Sprache abgebildet werden kann, ist Autor 2 viel skeptischer und unterscheidet streng zwischen unserem Verständnis des Evangeliums und dem Evangelium, wie es jenseits unserer stets beschränkten Zugangsweise existiert. Daher geht er zweitens auch davon aus, dass nicht nur Formen (z.B. Gemeindemodelle), sondern auch Inhalte (unser Verständnis des Evangeliums und damit auch, wie und wozu man Gemeinde baut) einem ständigen Wandel unterliegen. Für Autor 2 ist das Evangelium ein geoffenbartes Geheimnis und damit ein bleibendes Mysterium: wie ein Brunnen, dessen Wasser wir niemals völlig ausschöpfen können. Und während Autor 1 eine Gefahr vor allem in zu großer Anpassung an die Gesellschaft bei gleichzeitigem Verlust bzw. Verzerrung des unveränderbaren Evangeliums, kurz die Sorge bei aller nötigen Veränderung (zu) liberal zu werden hat, gibt es auch hier eine Sorge, nämlich die vor vorschnell-unreflektierter, zu oberflächlich-äußerlicher und zu pragmatischer Veränderung. Betrachtet man das Evangelium als einen unerschöpflicher Brunnen, dann hat man weniger Sorge davor, dass es verwässert werden könnte, sondern sorgt sich vielmehr darum, wie man gute Bewässerungsanlagen bauen kann, damit das Leben spendende Wasser gut verteilt wird. Man sorgt sich darum, dass mit der Standard-Bewässerungsanlage, wie sie fast überall gleich existiert, nur ein kleiner Teil des Geländes mit Wasser versorgt werden kann, weil diese in vielen Umgebungen (z.B. wo ein ebener Boden fehlt) nicht aufgestellt werden kann. Eine viel größere Gefahr als in einer Verwässerung des Evangeliums wird hier in einer falschen Standardisierung und damit einer Verkleinerung des Evangeliums gesehen.

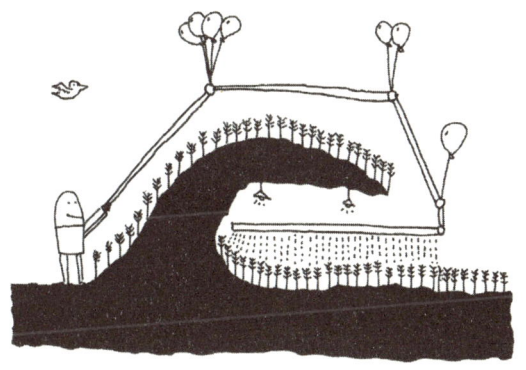

Gute Bewässerungsanlagen, die zum Ort passen

Man könnte sagen, dass sich in einer Standardisierung des Evangeliums und der Art und Weise, wie wir Gemeinde bauen, zeigt, wie „modern" unser Glaube ist. Die Moderne begann mit dem Industriezeitalter, in dem man vor allem Massenprodukte produziert hat. Massenprodukte sind immer standardisiert, ein Big-Mac oder ein Mercedes-SL schmeckt bzw. fährt immer gleich, unabhängig davon, wo man sie kauft. Anders gesagt: Standardisierte Produkte sind unabhängig vom spezifischen Kontext – ein BigMac ist ein BigMac, in Wanne-Eickel wie in Islamabad. Ähnlich standardisiert wurde auch das Evangelium in alle Welt „verkauft". Das Problem dabei ist:

Westliche Massenprodukte

Ähnlich wie mit westlichen Industrieprodukten die westliche Lebensweise transportiert wurde und wird, wird mit einem standardisierten Evangelium die moderne westliche Kultur mittransportiert. Dies ist nicht nur wegen der ungewollten Nebeneffekte problematisch, sondern vielmehr, weil es häufig zu einer kulturellen Kluft kommt, die all diejenigen vom lebenspendenden Wasser des Evangeliums abschneidet, die kulturell anders verwurzelt sind: sei es in einer nichtwestlichen oder einer postmodernen Kultur. Erkennt man, dass das angeblich überzeitliche Evangelium, wie wir es kennen, ein spezifisch „westlich-modernes" Evangelium ist, dann stellt sich die Frage, wie wir das Evangelium in andere Kulturen, vor allem in unsere heutige postmoderne Kultur, übersetzen können. Natürlich besteht in jeder Übersetzung die Gefahr eines Verlustes an Bedeutung, die Alternative dazu ist jedoch der komplette Verlust der Bedeutung, da ein nicht übersetztes Evangelium völlig irrelevant wird. Wichtiger ist vielmehr anzuerkennen, dass wir das Evangelium nicht nur in unsere Kultur(en) übersetzen müssen, sondern dabei auch immer bedenken, dass das Evangelium zugleich auch jede Kultur kritisch hinterfragt.

Neben der Standardisierung war jedoch auch die Rede von einer Verkleinerung des Evangeliums in der Moderne. Dies fand durch sehr einseitige Betonungen, teils gar das Vergessen bestimmter Aspekte, statt. Deutlich wird das durch die Individualisierung des Glaubens. Diese Individualisierung zeigt sich ganz praktisch in der zunehmenden Unverbindlichkeit sowie der Konsumhaltung vieler Christen, die fragen: „Was hat *mir* der Gottesdienst heute gebracht?" Zugleich zeigt sie sich aber auch in unserem Verständnis des Evangeliums selbst.

Die meisten Christen würden das Evangelium wohl in etwa so verstehen: Gott wird in Jesus Christus Mensch. Durch Jesu Tod und Auferstehung sind uns unsere Sünden vergeben, sodass wir ewiges Leben haben können. Das Evangelium wird so sehr stark auf die Errettung einzelner Menschen bzw. deren Seele fokussiert. Deutlich wird somit, was das Evangelium für den einzelnen Menschen und hier vor allem für seine (jenseitige) Zukunft bedeutet, unklar bleibt jedoch, was das Evangelium für das Leben des Einzelnen in dieser Welt, vor allem aber was das Evangelium für eine Gruppe von Menschen, für die Gesellschaft, für die Natur, ja für die ganze Schöpfung bedeutet. In einer extremen Verengung hat dies sogar dazu geführt, dass als einzige wirklich wichtige Aufgabe von Christen die Mitarbeit an der Errettung anderer Seelen betrachtet wird, denn alles andere ist letztlich vergänglich und nebensächlich.

Einen positiven Ausweg aus dieser Verkürzung hat sich im emergenten Dialog durch die Wiederentdeckung einer Reich-Gottes-Theologie gezeigt. Ihren Anfang nimmt diese in der Verkündigung Jesu selbst. Denn wann immer Jesus in den Evangelien vom Evangelium spricht, dann spricht er vom Reich Gottes. Jesus verkündet in den Evangelien Dutzende Male (Mt 4,23/ Mt 9,35/ Mk 1,14+15 / Lk 4,43/ Lk 8,1) ungefähr Folgendes: „Ich bin dazu gesandt, euch eine gute Nachricht zu bringen. Diese Nachricht ist die Nachricht vom Reich Gottes. Das Reich Gottes ist nahe/mitten unter euch." Es ist hier leider nicht der Platz, Jesu Verkündigung des Reiches Gottes genauer zu untersuchen, aber wer sich ohne Scheuklappen damit beschäftigt, dem wird sehr schnell klar: Das Evangelium von Gottes anbrechendem Reich handelt nicht nur von der Errettung einzelner Menschen bzw. deren Seele, sondern handelt von der Heilwerdung des ganzen Beziehungsgefüges dieser Welt, die überall dort geschieht, wo auf Erden (wie im Himmel) Gottes Wille geschieht, wie wir im Vaterunser beten. Tod und Auferstehung Jesu Christi sind der Startpunkt für diese Heilwerdung, die, wenn auch in fragmentarischen und nicht immer sichtbaren Formen, im Hier und Jetzt schon ganz real beginnt und einst vollendet werden wird. Heil wird nicht nur die Beziehung des Menschen zu Gott (Joh 3,16, Röm 5,10), sondern auch die des Menschen zu sich selbst (Mt 22,36-40), des Menschen zu seinen Mitmenschen (Mt 5,38-48; Röm 12,18) sowie des Menschen zur Natur (Joh 3,17;

Kol 1,15ff). Als Botschaft von Gottes anbrechender neuer Welt verstanden, führt das Evangelium zu

Heilung der Beziehungen

zu Gott · zu sich selbst · zu Mit-menschen · zur Natur

einer Umkehr des menschlichen Herzens und zur Veränderung gesellschaftlicher Strukturen. Es erlöst und befreit nicht nur von persönlicher Schuld, sondern auch von Unterdrückung, Ungerechtigkeit, Armut und Ausgrenzung – also dem, was man soziale bzw. strukturelle Sünde nennen könnte. Auf den Punkt bringt dies der südafrikanische Missionswissenschaftler David Bosch, der schreibt: „In einer Welt, in der Menschen aufeinander angewiesen sind und jedes Individuum in einem Netz zwischenmenschlicher Beziehungen existiert, ist es völlig unhaltbar, das Heil auf den Einzelnen und sein persönliches Verhältnis zu Gott zu beschränken. Hass, Unrecht, Unterdrückung, Krieg und andere Formen der Gewalt sind Manifestationen des Bösen; Sorge um Humanität, die Überwindung des Hungers, Krankheit und Sinnlosigkeit sind Teil des Heils, auf das wir hoffen und für das wir arbeiten." Die Verschiebung von einem verengten und individualisierten Verständnis des Evangeliums hin zu einer Reich-Gottes-Theologie bringt somit auch ein erweitertes bzw. ganzheitliches Verständnis des biblischen Heils mit sich. Analog dazu wird auch Mission immer mehr ganzheitlich verstanden.

Mission, so wird hier betont, ist zunächst immer die „missio Dei", d.h. die Mission Gottes. Mission ist ein Wesenszug Gottes, er handelt an und in dieser Welt, um sie zu erlösen und zu verwandeln. Sein Heilshandeln findet dabei auf mindestens drei Ebenen statt, sie umfasst geistliches, soziales und ökologisches Heil. Für Kirche bzw. Gemeinde bedeutet dies, dass Mission nicht nur eine Teil-, sondern vielmehr die Hauptaufgabe, der Grund für das Bestehen der Kirche ist. Mission bedeutet jedoch nicht nur die (verbale) Verkündung des Evangeliums, sondern vielmehr die Partizipation an Gottes Heilshandeln auf allen Ebenen. Die verbale Verkündigung geht somit einher mit der konkreten Tat, die viel lauter spricht als jede Predigt und damit die verbale Verkündigung nicht nur besser unterstreicht und besser verständlich, sondern zu allererst – im wahrsten Sinne des Wortes – glaubhaft macht.

Der soziale und ökologische Auftrag ist somit

nicht getrennt von Mission an sich und dieser auch nicht nachgeordnet. Wichtig ist es hierbei, nicht in alte Denkfallen zu tappen, bei denen falsche Gegensätze wie evangelikal vs. liberal sowie Evangelisation vs. Einsatz für Gerechtigkeit, die Betonung der vertikalen vs. die Betonung der horizontalen Dimension des Evangeliums, die Trennung von Seele und Leib, konstruiert und gegeneinander ausgespielt werden. Die Überwindungen dieser Dualismen sind nicht zufällig ein wichtiges Thema der emergenten Bewegung, sondern verweisen auf eine geschichtliche Tradition, der sie sich angliedert. Es gibt eine Reihe von Vor-Denkern, die früher als viele andere verschiedene Aspekte und Fragestellungen aufgebracht haben, die aktuell für den emergenten Dialog wichtig sind. In vielen Blogs und Büchern stößt man auf ihre Spuren. Hier soll zumindest kurz auf dieses reiche theologische Erbe verwiesen werden – ohne jeden Anspruch auf Vollständigkeit und ohne eine umfassende Würdigung der Betreffenden. Das geschichtliche Erbe, aus dem sich der emergente Dialog nährt, besteht aus ganz verschiedenen theologischen Quellen. Man kann diese Quellen in verschiedene Ströme aufteilen wie der frühe Pietismus, die Täuferbewegung, die Bewegung des Social Gospel, die Befreiungstheologie in Lateinamerika und

Afrika, die kontextuellen Erwägungen in der Ökumenischen Bewegung und die Wiederentdeckung von theologischen Klassikern des 20. Jahrhunderts, insbesondere Moltmann und seine Theologie der Hoffnung, Bonhoeffer und sein unbequemer Ruf in die Nachfolge oder den katholischen Theologen Metz, der besonders die gesellschaftliche Verantwortung von Christinnen und Christen betont hat.

Eine zeitlich frühere Quelle stellen die Erweckungsbewegungen seit dem 17. Jahrhundert dar, die keine strikte Trennung zwischen Evangelisation und sozialer Verantwortung kannten. Namen wie Philipp Jakob Spener, August Hermann Francke, John Wesley, William Wilberforce, Jonathan Edwards oder auch von Kottwitz und William Booth stehen für ein Verständnis des Evangeliums, das sowohl Verkündigung als auch soziales Engagement im Blick hatte. Eine noch frühere Quelle stellt die Täuferbewegung der Reformationszeit und ihre modernen prominenten Vertreter wie Ronald Sider oder John Howard Yoder dar. Die These Yoders, dass Jesus als Urheber eines radikalen sozialen Wandels betrachtet werden müsse, beeinflusste viele Theologen wie Samuel Escobar oder Jim Wallis.

Bonhoeffer: Die Kirche
steht im Dorf, nicht
am Rand

N.T. Wright: Öko-
logie und soziale
Gerechtigkeit

L. Newbiggin: Menschen
nur als Mitglieder von
Gemeinschaften

D. Bosch: Theologie
als Story

Campolo, Claiborne und
andere „Linksevangelikale":
Soziale Verantwortung
und Evangelium

Eine weitere Quelle stellt die Theologie des Social Gospel dar, wie sie sich in den USA Ende des 19. Jahrhunderts entwickelte. Diese betonte gegenüber einer reinen Wortverkündigung besonders die Tatseite des Evangeliums und wandte sich an Menschen, die an den Nebenfolgen des gesellschaftlichen Umbruchs der damaligen Zeit litten (Armut, Alkoholismus, Kriminalität, ethnische Konflikte etc.). Aus dem Social Gospel sind auch einige Irrungen hervorgegangen, wie die Meinung, dass die Wiederkunft Jesu erst geschieht, wenn die Menschen alle sozialen Probleme beseitigt haben. Aus diesem Erbe hat sich vor allem in den USA eine Strömung gebildet, die im weltweiten „emergenten Dialog" eine zentrale Rolle spielt: Die sogenannte „Linksevangelikale" wie *Tony Campolo, Ron Sider, Shane Claiborne, Rob Bell, Brian McLaren oder Jim Wallis.* Ähnliches gilt für die britische Fraktion um *N.T. Wright und Lesslie Newbigin.* Der britische Neutestamentler und einflussreiche Professor N.T. Wright hat vor allem mit seiner erfrischenden Jesus-Interpretation und seiner Reich-Gottes-Theologie auf den emergenten Dialog gewirkt. Bischof Lesslie Newbigin erkannte durch langjährige Missionstätigkeit in Indien und seine Kontrasterfahrungen bei Rückkehr in den „Westen" bereits in den 1970er-Jahren, wie stark unser Verständnis des Glaubens kulturell geprägt ist und dass ein starker kultureller Umbruch im Gang ist. Er verdeutlichte früh, welche Herausforderungen eine pluralistische Gesellschaft für die kirchliche Deutungshoheit darstellt. Zudem betonte er, dass das Evangelium nicht bloß eine Theorie der Erlösung Einzelner ist, sondern die Geschichte Gottes mit seinem Volk, die in Jesus ihren Höhepunkt findet. Sie muss erzählt, gefeiert und gelebt werden, um verstehbar zu sein. Dies verbindet ihn mit dem südafrikanischen Missionswissenschaftler *David Bosch*. Der 1992 verstorbene südafrikanische Missionswissenschaftler sah in seinem monumentalen Werk „Transforming Missions" ein neues, postmodernes, ökumenisches Paradigma der Mission im Kommen, das gegenüber früheren Epochen ganz neue Wege einschlagen muss. Neben Themen wie Inkulturation und Kontextualisierung nennt Bosch auch das Laienapostolat und den Willen zum Dialog mit anderen Religionen.

Die Aktualität dieses Erbes lässt sich auch daran erkennen, dass viele Bücher der genannten Autoren erst jetzt ins Deutsche übersetzt oder nach Jahren wieder neu aufgelegt wurden, wie Yoders „Die Politik Jesu", Boschs „Transforming Mission" oder Siders „Die Jesus-Strategie".

7. Wirkungsfelder und ein Experiment aus der Praxis

Es geht beim emergenten Dialog in erster Linie nicht um die Nutzung der richtigen Worte oder gar um ein Zugehörigkeitsgefühl zu einer bestimmten Bewegung, sondern um die Frage, wie Glaube heute gelebt werden kann. Dies zeigt sich in ganz unterschiedlichen Formen und Kontexten. Einige große Themenbereiche sollen kurz aufgezeigt werden, daran schließt sich ein Praxisbeispiel an.

Entwicklung in die Stadt hinein: Das diakonische Erbe des Pietismus erlebt wie beschrieben einen neuen Aufbruch. Es wird die christliche Verantwortung für das eigene Dorf oder den eigenen Stadtteil neu entdeckt. Dabei geht es um eine Teilhabe an den gesellschaftlichen Strukturen und deren Prägung und Gestaltung. Christinnen und Christen haben nicht die Aufgabe, sich aus der „Welt" zurückzuziehen, sondern sich einzumischen. Dabei geht es nicht zuerst um neue Aktivitäten, sondern um eine geistliche Grundeinstellung, wie ich Gemeinde und den Stadtteil sehe und darin lebe. Aus dieser Haltung heraus entwickeln Einzelne, Gruppen und/oder ganze Gemeinden auch Programme und Aktionen.

Konsumhaltungen aufbrechen (zum Beispiel im Gottesdienst): In den letzten Jahrzehnten hat sich zunehmend eine individualistische Konsumhaltung unter Christinnen und Christen breitgemacht. Die Gemeinde wird als geistlicher Ort gesehen, in dem man sich seinen Segen und sonstige geistliche „Güter" abholen kann. Dafür

Ich finde ja, er macht das ganz gut da vorne.

Konsumhaltung im Gottesdienst

gibt es Mitarbeitende, die dafür verantwortlich sind, am besten Hauptamtliche. Der Gottesdienst war immer dann gut, wenn er *mir* etwas gebracht hat. Neue Formen wollen das allgemeine Priestertum (wie Luther das genannt hat) wieder neu fördern und Christinnen und Christen in eine eigene Mündigkeit führen, indem sie sich vermehrt beteiligen (siehe Praxisbeispiel Mosaikgottesdienst).

Mündigkeit als zentraler Wert: Diese Beteiligung soll eine gesunde Spiritualität fordern, die sich im verantwortlichen Umgang gegenüber Gott, seinem Nächsten und sich selbst zeigt (Mt 22). Dabei sollen Denken, Erfahren und Glauben nicht zueinander im Widerspruch stehen, sondern sich gegenseitig ergänzen (1. Kor 3,1-4).

Ganzheitlichkeit: Auch wenn dieses Wort in den letzten Jahren zum Schlagwort verkommen ist, so zeigt es doch eine Grundhaltung auf, wie Gott den Menschen sieht, nämlich als „Seele", und das bedeutet ursprünglich eine Einheit von Körper und Geist. Auch wenn die platonische Lehre unser Denken bis heute geprägt und wir immer wieder Körper und Geist als getrennt voneinander betrachten und oft gegeneinander ausspielen, so gehört biblisch gesehen doch beides zusammen, was man nicht nur an vielen Stellen des Alten Testaments (mosaische Gesetzgebung oder den Propheten) gut sehen kann, sondern von Jesus im Neuen Testament bestätigt und weitergeführt wird. Jesus hat immer den ganzen Menschen gesehen und eine Verengung auf eine rein geistig-geistliche Erlösung abgelehnt.

Gemeinsames Leben: Gemeinschaft ist sicherlich ein zentraler Wert in der Bibel und der gesamten Christenheit, und gerade in der Hochzeit des Individualismus und der Selbstbestimmung erlebt die organisierte Gemeinschaft in Form von verbindlichen Lebensgemeinschaften gerade unter jungen Menschen einen regen Zulauf. Eine der aktivsten Initiativen der emergenten Bewegung in Deutschland sind die emergenten Kommunitäten, bei denen es um neue Formen des gemeinsamen geistlichen Lebens geht. Hier wird Leben geteilt, es werden geistliche Rhythmen der Vergangenheit neu entdeckt und in neuer Form wiederbelebt – besonders die ritualisierte Spiritualität der Mönche findet dabei eine große Beachtung.

Neue Formen fördern: Ein Beispiel dafür ist das Körpergebet, in dem bestimmte Körperhaltungen eingenommen werden, die in der Bibel erwähnt werden. Wie eine vergessene Sprache werden sie wiederentdeckt und sind für viele junge Menschen hilfreiche Ausdrucksweisen, Gott ganzheitlich anzubeten.

Miteinander statt Abgrenzungen: Zunehmend findet ein grenzüberschreitendes Denken von der Mitte (Gott) und nicht ein Denken in Abgrenzungen statt. Es wird nicht so sehr darüber gesprochen, wer nicht dazugehört und was die Bedingungen sind, wie man dazugehören kann, sondern wie Gemeinschaft auch unter Fremden und Ungleichen stattfindet. Dies ist eine große Herausforderung, verändert aber eine Gemeinschaft und öffnet sie für Andersdenkende und eröffnet so ganz neue Formen von Gemeinschaft. Eine Angst, die dabei immer wieder geäußert wird, ist die Frage, ob nicht gerade christliche Gemeinschaften klare Abgrenzungen brauchen, um die eigene Gemeinschaft zu schützen. Das amerikanisch-australische Autorenduo Frost/ Hirsch hat hierzu ein schönes Bild geliefert, als sie den Unterschied zwischen europäischen und australischen Schafen erläutert haben. Die europäischen Schafe werden vom Schäfer von Weide zu Weide geführt, er gibt die Richtung an, er hat die Verantwortung für ihr Wohlergehen, sie vertrauen dem Schäfer und folgen ihm. Der australische Schäfer hingegen gräbt ein Wasserloch, und die Schafe entfernen sich nur so weit vom Wasserloch, dass sie wieder alleine zurückfinden. Sie bewegen sich selbstständig in einem nicht abgesperrten Gebiet und entscheiden selbst, wie weit sie sich vom Wasserloch entfernen wollen. Die europäischen Schafe sind dagegen viel abhängiger von ihrem Schäfer, er führt sie und sie verlassen sich auf ihn. Der Schäfer steht in diesem Beispiel für die Rolle der Hauptamtlichen, die Schafe für die Gemeindeglieder.

Ethik: Wie sollte ich in dieser Gesellschaft leben? Was ist vom Glauben her betrachtet ein gutes, gelungenes Leben? Dies sind zentrale

Fragen, die sich viele Christinnen und Christen stellen. Die Frage der Ethik wurde in den letzten Jahrzehnten, gerade im evangelikalen Bereich, oftmals auf die Sexualethik reduziert, viele junge Menschen haben aber auch Fragen zur Sozialethik und bekommen in vielen Kirchen und Gemeinden kaum Antworten darauf. Fragen nach Umweltschutz, sozialer Gerechtigkeit, Wirtschaftsethik oder Nachhaltigkeit beschäftigen viele und es werden Antworten gesucht.

Exemplarisches Praxisbeispiel: Der Mosaikgottesdienst:

Ein Beispiel, wie die Gedanken des emergenten Dialogs in einer Gemeinde in ein konkretes Projekt umgesetzt wurden, soll hier beschrieben werden. Dabei haben wir uns explizit dafür entschieden, ein Beispiel zu nennen, das nach zwei Jahren wieder eingestellt wurde. Denn dies zeigt, mit welchen Dynamiken und Hindernissen man zu rechnen hat, aber auch wie wichtig es ist, mutige Experimente zu starten, um selbst aus Fehlschlägen noch zu lernen.

Gemeinde im landeskirchlichen Kontext, der aus der Motivation heraus entstanden ist, die Konsumhaltung aufzubrechen, mit der viele an einem Gottesdienst teilnehmen. Man suchte nach einer Möglichkeit, die verschiedensten Menschen am Gottesdienstgeschehen partizipieren zu lassen, ihnen Möglichkeit zur aktiven Mitgestaltung zu geben und sie zu einem „mündigen Christsein" anzuleiten. Dabei stand der Bibelvers aus 1. Korinther 14,26 (GN) besonders im Mittelpunkt: *Was folgt daraus für euch, Brüder und Schwestern? Wenn ihr zum Gottesdienst zusammenkommt, kann jeder und jede etwas dazu beitragen: ein Lied vorsingen oder eine Lehre vortragen oder eine Offenbarung weitergeben oder in unbekannten*

Sprachen reden oder die Deutung dazu geben. Aber alles muss dem Aufbau der Gemeinde dienen.

So begann ein Prozess, um daraus ein Gottesdienstkonzept zu entwickeln. Dieser Gottesdienst zielte darauf, Menschen in die Begegnung miteinander und mit Gott zu führen. Dabei sollten traditionelle Gottesdienstformen auf neuere Methoden treffen und somit den Reichtum und die Vielfalt des christlichen Glaubens zum Ausdruck bringen. Die heilende Gemeinschaft und der Wert des Einzelnen sollten dabei gleichermaßen beachtet und geachtet werden und dadurch Anbetung Gottes auf unterschiedliche und ganzheitliche Weise geschehen.

Typischer Ablaufrahmen:

16:00 h – Begrüßung, liturgischer Einstieg mit Gebet & Lied

16:10 h – offene Zeit der Begegnung bei Kaffee & Kuchen/Kekse

16:40 h – Einführung ins Thema des Gottesdienstes und Vorstellung der Räume

16:50 h – offene Räume (jeder wählt selbst)

17:30 h – kurze „Schlaglichter" aus den Räumen

17:45 h – liturgischer Abschluss mit Gebet & Lied

Partizipation durch „Räume"

Es mussten nicht jedes Mal die gleichen Angebote gemacht werden, sondern es konnten unterschiedliche sein. Die meisten Räume waren offen, sodass man sich nicht für einen Raum „verpflichtete", sondern verschiedene Räume nutzen konnte.

Raum 1: Communio
Dieser Raum war ständig offen und verfügbar. Gemeinschaft, Essen und Begegnung sind keine Notlösung, sondern ein geistlicher Teil des Ganzen. Hier startete und endete der Gottesdienst auch.

Raum 2: Bibelgespräch
Hier fand ein interaktives Bibelgespräch statt, das den Teilnehmern ermöglichte, sich aktiv zu beteiligen. Manchmal gab es auch Predigten oder verschiedene Methoden des Bibellesens.

Raum 3: Kreativität & Kunst
Kunst und Kreativität sind ein Ausdruck von Gottes Schöpfung und wurde in diesem Raum besonders gefördert. Der Kreativität waren keine Grenzen gesetzt: von Tanz über Bildmeditation zum Malen, um Bibeltexte „nachzuempfinden".

Raum 4: Ruhe & Gebet

In diesem Raum ging es darum, gemeinsam zu beten oder einfach innezuhalten und Ruhe zu suchen. Manchmal wurden auch liturgische Segens- und Fürbittgebete angeboten.

Raum 5: „Chaoskirche" – Mit Kids Gott erleben

Interaktiv und erlebnisorientiert für alle Kinder und Erwachsene (Eltern und Nichteltern) konnten hier die Basiselemente des Glaubens auf einfache und erfrischende Art erlebt und begriffen werden.

Raum 6: Anbetung unplugged

Gott anbeten in Liedern, Eindrücken und Gebeten.

Raum 7: Offen für Neues

Abendmahl, Videoanbetung, Gebetsspaziergang etc.

Werte des Mosaik-Gottesdienstes

- Partizipation: Jeder ist Teil des Ganzen
- Missional: Gottesdienst als Teil des Alltags
- Niederschwelligkeit: Jeder ist willkommen und bringt sich mit ein, so wie er/sie kann und will.

- Gemeinschaft: Steht im Zentrum als Heilskraft Gottes. Herstellung des Schaloms: Zu Gott, zu mir selbst, zu meinem Nächsten und zur Umwelt. Ziele der Gemeinschaft: (als heilende Kraft)
- Ganzheitlich: Die „Heiligkeit!" (der einzelnen Räume, Aktionen, Gemeinschaft) entsteht nicht durch Tradition, sondern durch die Motivation der Einzelnen zu Gott hin. Konsequenz: Essen ist genauso heilig wie Anbetung.
- Inkarnatorisch: Jesus wurde Mensch, Teil unserer Kultur und unseres Lebens. Leben teilen heißt inkarnatorisch leben.
- Mitarbeiterförderung durch Verantwortung: Wir wollen nicht defizitorientiert arbeiten, sondern in die Gaben vertrauen, die jeder mitbringt und das Gute und das Potenzial in jedem sehen (Imago Dei). Jeder darf kommen und sich beteiligen.

Erfahrungen, Problemfelder und neue Ziele

Die ersten Monate liefen sehr gut, es kamen viele neue Leute. Manche waren einfach neugierig, andere fühlten sich vom Konzept angesprochen. Interessant war, dass viele kamen, die die Gemeinde nicht als ihre Heimat sahen. Die eher

„traditionellen" Gottesdienstbesucher waren dagegen schwer zu erreichen. Dagegen kamen sehr viele unterschiedliche Menschen aus verschiedenen Altersstufen und Milieus, Christen und Suchende, Neugierige und Frustrierte, Familien und Singles. Diese Heterogenität war interessant und spannend, hat aber auch Probleme mit sich gebracht. Der Grundsatz war: Alle sind willkommen und alle dürfen mitarbeiten. Gerade Letzteres hat sich aber zunehmend als Belastung herausgestellt. Viele sind gekommen, aber es hat sich schnell ein Kern herausgebildet, der Verantwortung für die einzelnen Räume übernommen hat. Dieser Kern war aber zu klein, als dass er einen regelmäßigen wöchentlichen Gottesdienst gestalten konnte, außerdem hätte dies den Grundgedanken der Partizipation auf den Kopf gestellt. Aber: Partizipation kann nicht eingefordert, sondern muss gelebt werden. Dabei wurde deutlich, wie groß die Kluft werden kann zwischen der kognitiven Zustimmung zu Werten wie Partizipation und der tatsächlichen Bereitschaft, diese Werte zu leben. Eine Gottesdienstbesucherin sagte in diesem Zusammenhang: „20 Jahre bin ich in den Gottesdienst gegangen und habe mich bedienen lassen, jetzt soll ich plötzlich aktiv mitmachen. Du musst mir Zeit geben, das bin ich nicht gewöhnt." Nach einem halben Jahr wurde dann der Rhythmus von einmal wöchentlich auf einmal im Monat umgestellt. Knapp zwei Jahre später wurde das Gottesdienstexperiment beendet. Dies hatte vielfältige Gründe, einige sollen kurz beschrieben werden.

Gescheiterte Experimente
Können schmerzhaft sein

Die Heterogenität der Gruppe führte zu Schwierigkeiten. Zu dem Gottesdienst kamen besonders viele Menschen, die am Rand der Gesellschaft standen. Dies überlastete viele, die sich im Gottesdienst verantwortlich fühlten und führte zu inhaltlichen und zeitlichen Herausforderungen, denen einige nicht gewachsen waren. Damit zusammenhängend ist auch die Zusammensetzung des Leitungsteams zu erwähnen, das am Anfang aus 14 Personen bestand, die als vornehmlich junge Familien zwar hoch motiviert waren, aber auch in fordernden Lebensumständen steckten. So zeigte sich, dass auch die Möglichkeit zur Partizipation nur auf Resonanz stoßen kann, wenn es eine kritische Masse an Menschen gibt, deren Lebensumstände eine ausgiebige Beteiligung erlaubt.

Hinzu kamen Identitätskonflikte: Ist der Mosaikgottesdienst einem der Hauptgottesdienste gleichzusetzen? Sollen die Menschen aus dem Mosaikgottesdienst nun zwangsläufig auch in den sonntäglichen Gottesdienst gehen? Hat der Mosaikgottesdienst für alle Gemeindemitglieder den Status eines „richtigen" Gottesdienstes? Was passiert, wenn viele Teilnehmer des Mosaikgottesdienstes nicht mehr in den klassischen Gottesdienst gehen? Dies ist ein typisches Konfliktfeld, das entsteht, wenn eine Gemeinde zwei oder mehr völlig verschiedene Gottesdienste anbietet. Hier stellt sich auch die Frage: Was kann einer Gemeinde Identität geben, wenn es nicht die gemeinsamen Treffen von allen Gemeindemitgliedern sind? Ein weiteres Konfliktfeld liegt in der Betonung von vermeintlich flachen Hierarchien. Wenn die Verantwortung ungeklärt und bewusst offen gestaltet ist, sodass jeder ein potenzieller Leiter sein kann und soll, bleiben oft die Erwartungen der Menschen nicht geklärt und es entstehen heimliche Hierarchien oder „unsichtbare

Erwartungen". Es gibt zwar keinen offiziell Leitenden, aber die Teilnehmer sind es noch nicht gewohnt, initiativ tätig zu werden und selbst Verantwortung zu übernehmen. Folglich werden die wenigen, die es schon immer gewohnt waren, leitend tätig zu sein, überlastet. Hier zeigt sich, dass es nicht reicht, den Wert der Partizipation auszurufen, vielmehr gilt es, eine Kultur der Partizipation in der Gemeinde zu pflegen, was oft ein langer Prozess ist.

Das Beenden dieses Gottesdienstexperiments war zwar für viele Beteiligten ein schmerzhafter Prozess, aber er zeigt, dass Neues oft nur durch „trial & error" gefunden werden kann. Dazu bedarf es Ausdauer, Mut zum Scheitern, Innovationskraft sowie einer gewissen Frustrationstoleranz. Außerdem werfen solche mutigen Experimente neue Fragen auf, die in den emergenten Dialog mit einfließen können.

8. Fragen

Ein Punkt, bei dem sich sowohl Kritiker des emergenten Dialogs als auch Teilnehmer einig sind, ist, dass es zentral für ihn sei, viele Fragen aufzuwerfen. Manchmal wird der Vorwurf vorgetragen, es würden nur Fragen aufgeworfen, ohne Antworten zu bieten, es würde das Althergebrachte nur hinterfragt, ohne dass eine wirkliche Alternative angeboten werde. Damit – so der Vorwurf – werde das Gottvertrauen untergraben und der christliche Glaube ausgehöhlt.

Man kann zurückfragen, was aus einem Glauben wird, der sich ängstlich gegen kritische Fragen abschottet und sich in eine kleine, unkritische Gemeinschaft von Gleichgesinnten zurückzieht. Darüber hinaus sind die Beteiligten am emergenten Dialog durchaus an handfesten Antworten interessiert. Schließlich sollte man differenzieren, um was für Fragen es sich handelt.

Fragen gemeinsam stellen

Es gibt Fragen, die stellt man aus tatsächlicher Neugier. Es gibt Fragen, die werden aus Gehässigkeit gestellt. Zuletzt gibt es Fragen, die eine tiefe Rastlosigkeit und Suche ausdrücken. Wenn Augustinus fragte: „Was liebe ich, wenn ich dich liebe, oh Herr?", oder wenn Luther fragte: „Wie bekomme ich einen gnädigen Gott?", so sind das keine Fragen, die Kritik um der Kritik willen üben oder die von außen aus der Distanz an den Glauben herangetragen werden, sondern Fragen, die erst aus der Gottesbeziehung heraus entstehen. Es gibt Fragen, die sind Suchbewegungen des Glaubens, die anzeigen: Hier ist Glauben lebendig, hier übernimmt er nicht einfach das Überlieferte, sondern er macht es sich selbst zu eigen. Diese Fragen, die zunächst die intimsten und individuellsten zu sein scheinen, spiegeln oft in Wirklichkeit die Fragen wider, die viele Menschen in einer Kultur an den christlichen Glauben haben.

Dabei ist auch das Hinterfragen eine zentrale Praxis. Wer Fragen stellt, nimmt dem Gewohnten seine Selbstverständlichkeit, er öffnet einen Raum, um zu träumen und sich vorzustellen, wie das Christentum anders gelebt werden könnte. Wenn etwas Neues entstehen soll, müssen neue Fragen gestellt werden oder alte Fragen neu belebt werden.

Eine von den alten Fragen ist vielleicht die zentrale Frage der emergenten Bewegung. Es ist die Frage Bonhoeffers, der aus dem Gefängnis schreibt: „Wer ist Jesus Christus für uns heute?" Auch wenn diese Frage vielleicht oberflächlich betrachtet nicht im Vordergrund steht, so lässt sich doch argumentieren, dass dies die zentrale „Frage hinter allen Fragen ist".

Es heißt doch, dass Jesus Christus der Gleiche ist „gestern, heute und in Ewigkeit". Aber ist damit die Frage beantwortet? Nein, denn was Bonhoeffer mit dieser Frage meinte, ist ja Folgendes: „Was bedeutet die Geschichte der Bibel, die in Jesus Christus ihren Höhepunkt findet für die Menschen heute?" Er hatte damals eine vor allem säkulare Gesellschaft vor Augen und fragte sich: Wie kann eine Gesellschaft, die nicht mehr an die große religiöse Welterklärung glauben kann und die auch gefühlvolle Gotteserfahrungen mit großer Skepsis beäugt, die Botschaft des Evangeliums überhaupt verstehen? Wie kann man das Evangelium heute neu zur Sprache bringen? Was bedeuten Begriffe wie „Sünde", „Gnade" und „Reich Gottes" für die Menschen heute? Wie kann man neu in einen Dialog mit der heutigen Zeit treten? Dabei geht es weder darum, eine Botschaft, die immer schon feststeht, in neue Worte zu kleiden, noch darum, einfach unkritisch das Evangelium heutigen Befindlichkeiten anzupassen. Das Evangelium entfaltet seine Kraft dort, wo es in eine kreative Spannung mit der jeweiligen Kultur kommt. Doch diese Spannung ist dort nicht vorhanden, wo es sich dem Dialog mit der jeweiligen Zeit und Kultur völlig verweigert.

Der Theologe Paul Tillich beschrieb sein Vorgehen, Theologie zu betreiben, als Korrelation: Man schaut auf die Situation, auf die Gegenwart und die Fragen, die die Menschen heute haben. Dann gibt man vom Evangelium her Antworten. Die Gegenwart stellt Fragen, das Christentum gibt Antworten. So einfach. Wirklich so einfach? Was wir heute brauchen, ist vielleicht eine doppelte Korrelation: Nicht nur die heutige Kultur ist es, die Fragen stellt, und nicht nur das Christentum ist es, das Antworten gibt. Vielmehr geht es darum, die Texte der Bibel und das Evangelium mit der heutigen Kultur (oder besser: den heutigen Kulturen!) in einen produktiven, kritischen Dialog zu bringen, bei dem beide Seiten sich gegenseitig beleuchten, aber auch beide Seiten sich gegenseitig kritisch befragen. So kann es sein, dass das Christentum nicht immer die Form der Antwort auf alle Fragen haben muss, sondern auch eine Kultur, die sich vielleicht die wesentlichen Fragen nicht stellt, mit wichtigen Fragen begegnet und diese so kritisiert.

Das könnte man als die stille Frage im Hintergrund beschreiben, die alle Diskussionen und gemeinsamen Träume und Austauschrunden bei Emergent begleitet. Doch welches sind die konkreten Fragen, die uns in der Emergenten Konversation beschäftigen? Hier nur einige Beispiele:

Eine zentrale Frage, auf die man immer wieder stößt, ist die Frage, wie man Gemeinschaften bilden kann, die sich konkret auf eine Kultur einlassen, ohne andere Kulturen dabei auszuschließen. Soziologisch formuliert geht es um die Spannung zwischen der (vom Evangelium geforderten) Offenheit für andere und (der soziologisch notwendigen) Stabilität und Identität einer Gruppe. Wenn wir darüber reden, als Kirche kulturell relevant sein zu wollen, dann heißt das meistens zuerst, die exklusive Bindung von Kirchen an bestimmte Milieus zu lockern und in Kontakt mit anderen Milieus und Subkulturen zu treten. Doch dabei übernimmt man auch das Abgrenzungsverhalten der jeweiligen Kultur. Wenn in bildungsbürgerlichen Milieus gerne gegen eine angeblich ständig Bild-lesende und RTL-guckende Unterschicht polemisiert wird, so polemisieren die neuen hippen Mac-User gegen die spießigen „Internet-Ausdrucker" der Konservativen und Alternative machen sich über diese Latte Macchiato trinkenden Hipster lustig.

Wie lässt sich in so einem kulturellen Pulver-fass Gemeinde bauen und Nachfolge leben? Sobald man sich einmal Gedanken darüber ge-macht hat, dass jede Kirche irgendwo kulturell verortet ist, kommt man hinter diese Spannung nicht mehr zurück. Es zeigt sich auch, dass die ersten Antwortskizzen hier in völlig entgegen-gesetzte Richtungen gehen. Die einen möchten verbindliche Gemeinschaft stärken. Sie betonen die Notwendigkeit, eine alternative Gemein-schaft zu formen und zerstörerische Formen der Abgrenzung und Identitätsfindung zu ersetzen durch eine exklusive Bindung an Jesus Chris-tus: „Da ist weder Jude noch Grieche, sondern alle sind eins in Jesus Christus". Andere betonen, dass die Nachfolge nur in der jeweiligen kultu-rellen Umgebung möglich ist. Diese tendieren zu eher minimalistischen Gemeindemodellen. Man soll nicht durch ständige Gemeindepro-gramme an der Nachfolge in der Welt und an der Beziehungspflege mit seinen Freunden ge-hindert werden. „Die wahre Action passiert dort draußen", sagen sie und betonen, dass die Kirche kein Selbstzweck werden soll.

Ein anderer Fragenkomplex, der immer wieder im Hintergrund von vielen Diskussionen steht, ist die Frage nach der Rolle der Bibel und un-serem Umgang mit ihr. Damit hängt die Frage zusammen, welchen Begriff von Wahrheit wir haben. Für viele von uns scheint klar zu sein, was wir nicht möchten. Viele sind müde davon,

die Bibel vor allem als ein Gesetzbuch zu behandeln, das möglicherweise noch direkt identisch mit dem Willen Gottes ist. Duelle mit Bibelzitaten ermüden uns. Und dort, wo die Bibel allein dazu dient, ein Grüppchen in ihren möglicherweise sehr konservativen Ansichten zu bestärken, verliert sie ihre Relevanz für die Menschen heute. Dennoch scheint uns auch die einseitig distanziert-analytische Betrachtung der Bibel wenig kraftvoll. Wenn die Bibel nur noch als Lieferant für lebenskluge Aphorismen dienen soll oder ihre Relevanz allein darin erschöpft wird, dass sie Hintergrundinformationen liefert, um all die

Bilder und Statuen in Museen zu verstehen, verliert sie ihre Sprengkraft. Gesucht wird also eine andere Herangehensweise an die Bibel, die sowohl die Bibel sehr ernst nimmt, aber auch die Probleme, die es mit und in der Bibel gibt, nicht wegdiskutiert. Hier gehen erste Überlegungen in Richtung einer narrativen Theologie, in der die Bibel implizit durch viele kleine Geschichten die große Geschichte Gottes mit den Menschen und der Welt erzählt. Die Wahrheit der Bibel liegt nun nicht mehr allein darin, dass einzelne Sätze und Aussagen zutreffend sind, sondern, dass sie Wirklichkeit neu erschließt und somit auch neue Wirklichkeit erschafft. Wenn wir in die Geschichte der Bibel eintauchen, bekommen wir ein zutreffenderes Bild von uns, von der Welt und von Gott. Anstatt alte ethische Gräben zwischen „Konservativen" und „Liberalen" zu vergrößern, die sich ja bis heute vor allem im Gebiet der Sexualethik auftun, stellt uns die Bibel vor die wichtigere Frage, welche Lebensformen und welche gemeinschaftlichen Praktiken uns helfen, heute Zeichen des Reiches Gottes aufzurichten.

Dazu kommt eine Frage, die in eine ähnliche Richtung geht: „Wie verändert das Internet unseren Begriff von Gemeinde?" Im emergenten Dialog begegnen sich eine Menge Blogger, die es gewohnt sind, mit ihren Ideen im Dialog im

Internet zu stehen. Im Zusammenhang mit dem Web 2.0 stellen sich eine Menge Fragen, etwa was die Möglichkeit zur Selbstdarstellung im Internet mit unseren Identitäten macht. Aber im Zusammenhang mit Kirche und Gemeinde stellt sich eine Frage: Lassen sich hier neue Formen der Mitarbeit und Zusammenarbeit im Gemeindekontext und darüber hinaus finden? Aber dabei zeigt sich auch: Die Leute reden viel über Partizipation, aber auch dort, wo Spielräume geöffnet werden, an Prozessen (sei es in der Gemeinde oder in der Politik oder bei Wikipedia) teilzunehmen, wird es keineswegs von „allen" genutzt, sondern man sieht, dass eine alte Elite, bestehend aus Professoren, Pastoren, Politikern und Journalisten, ergänzt wird durch eine recht kleine neue Elite aus Bloggern und kreativen Denkern. Auch wenn das schon einen Gewinn bedeutet, so ist das doch noch weit entfernt von dem Gedanken vom „Priestertum aller Gläubigen", bei dem alle Gläubigen verantwortlich das Gemeindeleben mitgestalten, anstatt nur passiv zu konsumieren.

Prinzipiell kann man bei den Fragen, die bei den Emergent Foren und darüber hinaus aufgeworfen werden, verschiedene Richtungen feststellen. Zum einen gibt es Fragen, die sich vor allem aus einer Unruhe mit hergebrachten Gottesdienstformen speisen. Hier geht es zum Beispiel um die Rolle, welche die Predigt im Gottesdienst spielen soll oder prinzipiell um die Frage, ab wann ein Treffen eigentlich Gottesdienst genannt werden kann. Eng damit zusammenhängend sind Fragen, die aus einer Unzufriedenheit mit den Ausdrucksweisen des christlichen Glaubens heute heraus erwachsen. Die Sprache, die im frommen Kontext gesprochen wird, wird ebenso thematisiert, wie Liedtexte und Kirchengebäude. Eine andere Art von Fragen sind existenzielle Fragen. Diese werden diskutiert, wenn sich manche Teilnehmer der Foren fragen, wie sie heute trotz mancher negativen Erfahrungen noch positiv zum christlichen Glauben halten können oder wenn sie ehrlich ins Gespräch über ihre persönlichen Zweifel kommen oder sich auf die Suche begeben nach neuen Formen der christlichen Spiritualität. Zuletzt, und mit allen drei anderen Kategorien eng verbunden, gibt es theologische Fragen. Das sind Fragen, die sich zum Beispiel darauf beziehen, was das Evangelium eigentlich sei, mit welchem Wahrheitsbegriff wir arbeiten oder wie die Hoffnung auf das Reich Gottes heute ihren Ausdruck finden kann.

Man kann bei allen Fragen, die bei Emergent gestellt werden, ein Unbehagen feststellen, sich auf klassische Engführungen im Sinne von „entweder – oder" einzulassen. Warum sollte man zum Beispiel die Bibel nur entweder als kulturell bedingt oder als Gotteswort für unsere Zeit ansehen? Warum sollte man sich festlegen auf ein politisch engagiertes Christentum oder ein spirituell vertieftes? Warum sollte man sich festlegen, entweder kulturell relevant sein zu wollen oder sich der Kultur kritisch gegenüber zu verhalten? Warum sollte man die ungerechten Strukturen und Systeme kritisieren wollen oder sich auf den Einzelnen mit seiner Charakterentwicklung konzentrieren? Warum sollte man auch Gott nur entweder als den „ganz anderen" sehen, der alle unsere Vorstellungskraft sprengt oder als einen engen Freund, dem man alles anvertrauen kann?

Dies sind die Art von Fragen, die für viele von uns die „Emergent Erfahrung" ausmachen: wir möchten falsche Engführungen überwinden, um uns eine Art des Christentums vorstellen zu können, die die Menschen in der Gegenwart sowohl begeistern als auch herausfordern kann.

An diesem Punkt im Buch haben wir die Hoffnung, dass die Leserinnen und Leser sich nicht bloß gut informiert fühlen, sondern Lust bekommen haben, sich einzubringen in den „emergenten Dialog". So stellen sich vielleicht die Fragen: Wie kann man sich beteiligen? Wie kann man selbst Teil des emergenten Dialogs werden? Wie kann man sich vernetzen und seiner eigenen – gerne auch kritischen – Stimme Gehör verschaffen?

Die erste Anlaufstelle besteht sicher in der Website von Emergent Deutschland (www.emergent-deutschland.de). Dort findet man aktuelle Informationen zu Veranstaltungen, die mit Emergent Deutschland in Zusammenhang stehen, man findet Podcasts mit Vorträgen von Veranstaltungen und Hinweise auf Gruppen in Deutschland und weltweit.

Aber die beste Möglichkeit ist immer noch zu dem jährlich im Winter stattfindenden Emergent Forum zu kommen und sich persönlich kennenzulernen. Dort ist Platz, um sich über seine persönlichen Fragen und Themen auszutauschen und es wird meist Raum geboten, um selber Workshops anzubieten.

Emergent Deutschland lebt vom Austausch, vom Fragenstellen und der gemeinsamen Suche nach Antworten und es braucht immer wieder frische Perspektiven, kritische Stimmen und Menschen, die ihre eigenen Erfahrungen in der postmodernen Welt gemacht haben. Vernetze dich und werde selbst Teil des emergenten Dialogs!

Literaturempfehlungen

Edition Emergent:

Tobias Faix & Thomas Weißenborn (Hg.) 2008. Zeit-Geist – Kultur und Evangelium in der Postmoderne. 2. Auflage. Verlag der Francke Buchhandlung.

Tobias Faix, Thomas Weißenborn & Peter Aschoff (Hg.) 2010. ZeitGeist 2– Postmoderne Heimatkunde. Verlag der Francke Buchhandlung.

Daniel Ehniss & Björn Wagner (Hg.) 2009. Beziehungsweise leben: Inspirationen zum Leben und Handeln im Einklang mit Gott und Menschen. Verlag der Francke Buchhandlung.

Brian McLaren 2008. Höchste Zeit, umzudenken: Jesus, globale Krisen und die Revolution der Hoffnung. Verlag der Francke Buchhandlung.

N.T. Wright 2011. Glaube – und dann? von der Transformation des Charakters. Verlag der Francke Buchhandlung.

Alan Roxburgh & Fred Romanuk 2011. Missionale Leiterschaft: Gemeinde bauen in einer sich verändernden Welt. Verlag der Francke Buchhandlung.

Alan Roxburgh 2012. Missional: Mit Gott in der Nachbarschaft leben. 2012. Verlag der Francke Buchhandlung.

Miroslav Volf 2012. Von der Ausgrenzung zur Umarmung. Versöhnendes Handeln als Ausdruck christlicher Identität. Verlag der Francke Buchhandlung.

Englischsprachige Literatur:

Ryan K. Bolger (Ed.) 2012. The Gospel after Christendom: New Voices, New Cultures, New Expressions. Baker Academic.

Eddie Gibbs und Ryan K. Bolger (Hg.) 2005. Emerging Churches: Creating Christian Community in Postmodern Cultures. Baker Academic.

Brian McLaren 2003. „The Story We Find Ourselves In. Further Adventures Of A New Kind Of A Christian" Jossey-Bass.

Brian McLaren 2004. „A Generous Orthodoxy. Why I Am a Missional, Evangelical, Post/Protestant, Liberal/Conservative, Mystical/Poetic, Biblical, Charismatic/Contemplative, Fundamentalist/Calvinist, Anabaptist/Anglican, Methodist, Catholic, Green, Incarnational, Depressed-yet-Hopeful, Emergent, Unfinished CHRISTIAN". Zondervan.

Phyllis Tickle 2008. The Great Emergence: How Christianity Is Changing and Why. Emersion: Emergent Village resources for communities of faith.

Vertiefende Literatur:

Rob Bell 2007. Velvet Elvis – ein neues Bild des Glaubens malen. Brunnen Verlag.

Rob Bell und Don Golden 2010. Jesus will die Christen retten: Anstöße für eine Kirche, die ihre Vision verloren hat. Brunnen Verlag.

Rob Bell 2011. Das letzte Wort hat die Liebe: Himmel und Hölle und das Schicksal jedes Menschen, der je gelebt hat. Brunnen Verlag.

Dietrich Bonhoeffer 2002. Widerstand und Ergebung. Briefe und Aufzeichnungen aus der Haft, 17. Auflage, Gütersloher Verlagshaus.

Dietrich Bonhoeffer 2008. Nachfolge. 4. Auflage. Gütersloher Verlagshaus.

David Bosch 2011. Ganzheitliche Mission. Theologische Perspektiven. Verlag der Francke Buchhandlung.

David Bosch 2012. Mission im Wandel. Paradigmenwechsel in der Missionstheologie. Brunnen Verlag.

Tobias Faix & Thomas Weißenborn (Hg.) 2008. ZeitGeist. Kultur und Evangelium in der Postmoderne. 2. Auflage. Verlag der Francke Buchhandlung.

Tobias Faix, Thomas Weißenborn & Peter Aschoff (Hg.) 2010. ZeitGeist. 2 Postmoderne Heimatkunde. Verlag der Francke Buchhandlung.

Tobias Faix & Johannes Reimer (Hg.) 2009. Die Welt verändern. Grundfragen einer Theologie der Transformation. Transformationsstudien. Band 2. Reihe: Transformationsstudien. Verlag der Francke Buchhandlung.

Tobias Faix 2010. Würde Jesus bei IKEA einkaufen?: Herausforderungen zur ganzheitlichen Nachfolge. 3. Auflage. Neufeld Verlag.

Tobias Faix & Johannes Reimer (Hg.) 2012. Die Welt verstehen. Kontextanalyse als Sehhilfe für die Gemeinde. Reihe: Transformationsstudien Band 3. Hg. von Faix & Reimer. Verlag der Francke Buchhandlung.

Tobias Faix & Tobias Künkler (Hg.) 2012. Die verändernde Kraft des Evangeliums. Beiträge zu den Marburger Transformationsstudien. Reihe Transformationsstudien. Band 4. Marburg: Verlag der Francke Buchhandlung.

Michael Frost & Alan Hirsch. 2008. Die Zukunft gestalten. Innovation und Evangelisation in der Kirche des 21. Jahrhunderts. C & P Verlag.

Brian McLaren 2007. Die geheime Botschaft von Jesus. Die Wahrheit, die alles verändern könnte. Gerth Medien.

Lina Ben Mhenni 2011. Vernetzt euch! Ullstein Verlag.

Klaus Meiss 2011. Kirchengeschichte zwischen Moderne und Postmoderne. Spuren des lebendigen Gottes Band 3. Verlag der Francke Buchhandlung.

Jürgen Moltmannn 1984. Theologie der Hoffnung. Kaiser Verlag.

Jürgen Moltmann 1995. Das Kommen Gottes. Christliche Eschatologie. Kaiser Verlag.

Lesslie Newbigin 1989. Den Griechen eine Torheit. Das Evangelium und unsere westliche Kultur. Aussaat Verlag.

Jens Stangenberg 2009. Tanz auf der Fontäne. Christliche Spiritualität in der Postmoderne und der Zukunft. C+P Verlag.

Dallas Willard 2011. Das Geheimnis geistlichen Wachstums. Gerth Medien.

N.T. Wright 2011. Das Neue Testament und das Volk Gottes. Ursprünge des Christentums Band 1 (Hg. Thomas Weißenborn und Tobias Faix). Verlag der Francke Buchhandlung.

N.T. Wright 2011. Von Hoffnung überrascht: Was die Bibel wirklich zu Auferstehung und ewigem Leben sagt. Brunnen Verlag.

John Howard Yoder 2012. Die Politik Jesu. 2., erweiterte Auflage. Neufeld Verlag.

Thomas Weißenborn 2009. Christsein in der Konsumgesellschaft: Nachdenken über eine alltägliche Herausforderung. Verlag der Francke Buchhandlung.

Weitere Buchtipps

Tobias Faix / Thomas Weißenborn
Zeitgeist
*Kultur und Evangelium in der
Postmoderne*
ISBN 978-3-86122-967-4
256 Seiten, Paperback

Die Welt ist anders geworden. Ein neues Zeitalter ist angebrochen und vieles verändert sich – auch unsere Gemeinden. Die Postmoderne zwingt uns zu einem neuen Nachdenken über das, was wirklich trägt. Neue weltweite Entwicklungen wie die emerging church Bewegung versuchen, in diesen Veränderungen Gemeinde neu zu leben. Wie ist das zu beurteilen und was bedeutet das für unsere deutsche Gemeindelandschaft? 24 Autorinnen und Autoren beschreiben aus unterschiedlichen Blickwinkeln, wie wir anfangen können, unsere Gesellschaft zu verändern.

Peter Aschoff, Tobias Faix,
Thomas Weißenborn
Zeitgeist 2
Postmoderne Heimatkunde
ISBN 978-3-86827-121-8
320 Seiten, Paperback

Heimat – über Jahrtausende war damit eine Konstante im Leben der Menschen verbunden. In den letzten Jahrzehnten hat sich das grundlegend verändert, nicht nur materiell, sondern auch im geistlichen Bereich. Als „Postmoderne Heimatkunde" beschäftigt sich dieses Buch aus einer theologischen Perspektive damit, wie wir – in unserer sich stetig wandelnden Welt auf der Suche nach Heimat – gerade in der Veränderung bei Gott ein Zuhause finden können.